KB075937

일본 1인 출판사가 일하는 방식

일본 1인 출판사가

일하는 방식

니시야마 마사코 지음 · 김연한 옮김

유유

머리말

소자본 사업이라는 형태로 다가온 제품과 서비스가 우리 생활을 풍족하게 합니다. 자신이 믿고 하는 일을 자신이 책임지고 자신을 믿어 주는 사람들과 관계를 쌓으며 성립되는 비즈니스. 그것은 자기답게 일하는 방법의 하나로서 확산되고 있습니다.

출판업계도 예외가 아닙니다. '1인 출판사'라는 말이 책을 사랑하는 사람들 사이에 알려지면서 개성이 풍부한 출판물과 출판인의 활약이 주목을 받고 있습니다.

과연 출판에서 '소자본 사업'은 가능할까요? 1인 또는 소수로 운영해 온 소형 출판사는 지금까지 많이 있었습니다. 그러나 책이라는 상품의 특수성에 따라 도입된, 다른 업계와는 다른 판매 구조 탓에 출판의 소자본 사업은 여전히 허들이 높습니다.

그런데 최근 인터넷, 디자인, 인쇄 환경의 진화에 따라 조금씩 새로운 활로가 열리고 있습니다. 소자본 사업화가 어렵다고 여겨진 책의 세계에도 그 물결이 흘러들어 온 것입니다.

출판Publication의 어원에는 '대중에게 널리 알린다'는 뜻이 있지만, 어떤 책이든 우선은 한 사람의 의지에서 시작됩니다. 책이 안 팔린다는 요즘, 혼자서라도 책을 출판하려는 사람들이 대중에게 전하려고 하는 메시지는 무엇일까요? 그 메시지는 어떤 과정에서 발견될까요? 그들은 출판이라는 일을 통해 무엇을 표현하려는 것일까요?

'1인 출판사'는 그야말로 홀로서기이지만, 다른 분야의 '소자본 사업'과 마찬가지로 혼자서 하면 할수록 홀로 버틸 수 없게 될 것입니다. 그런데도 출판에 도전하는 사람들은 컴퍼스처럼 한 다리로 중심축을 잡고 다른 한쪽 다리로 원을 그리려고 합니다. 그것이 어떤 원일까요? 이 책에서 1인 출판사를 꾸려 나가는 사람들의 활동을 살펴보겠습니다.

책을 '소자본 사업'이라는 형태로 내보낼 때, 책의 역할과 성격은 더 명확하게 드러납니다. 책은 이 세상 모든 일에 관한 내용을 담고 있어서 다양한 사람들과 이어질 가능성이 있습니다. 따라서 책의 세계에서 사는 이들을 다룬 이 책에도 살아가고 일하는 방식, 책과 만나는 법에 관해 여러 분과 공유할 수 있는 메시지가 분명히 있다고 생각합니다.

　　자기 자신의 원을 그리고자 하는 분들에게 이 책이 힌트가 되기를 바랍니다.

차례

머리말   **9**

1 혼자라서 할 수 있는 일

일도 육아도 감당할 수 있을 만큼 느긋하게   **19**
치이사이쇼보小さい書房 ● 야스나가 노리코

1인 출판사는 유쾌하게 살아갈 수 있는 수단이 될까?   **41**
도요샤土曜社 ● 도요타 쓰요시

뭔가에 편승해 사는 '행복'과 조금 떨어진 곳에 자리 잡는다   **65**
사토야마샤里山社 ● 기요타 마이코

영혼의 목소리를 담은, 찬란하게 빛나는 책을 꿈꾸며   **85**
미나토노히토港の人 ● 우에노 유지

인터뷰 ● 시인 다니카와 슌타로
시도 출판도 시대와 싸워야 새로운 형태를 낳는다   **107**

2 지방에서 출판사의 가능성을 열다

'출판'과 '지속'은 동의어.
차세대를 향해 지금 무엇을 할 수 있는가   **125**

미시마샤ミシマ社 ● 미시마 구니히로

삶을 뒤흔드는 사진가들과의 만남.
충동의 연속으로 걸어온 길   **149**

아카아카샤赤々社 ● 히메노 기미

책이 있는 세상과 책이 없는 세상의 사이를 여행하다   **169**

사우다지북스Saudade Books ● 아사노 다카오

칼럼 1 ● 우다 도모코 (시장의 헌책방 울랄라)
오키나와의 작은 출판사   **193**

칼럼 2 ● 다무라 미노루 (다무라도)
기적의 출판사 인도의 타라북스   **201**

3 믿는 '재미'를 꿰뚫다

가족을 책임지다. 모든 것이 현재와 이어진다　　213
유메아루샤ゆめある舎 ● 다니카와 메구미

좋아하는 동료들과 좋아하는 것의 본질을 전하고 싶다　　233
미르북스Mille Books ● 후지와라 고지

해 보니 혼자서도 할 수 있었다. 그날부터 세상이 넓어졌다　　253
타바북스Taba Books ● 미야카와 마키

취재

출판사가 아닌 곳에서 책을 내는 사람들　　273
톰즈박스 대표 도이 아키후미
북라벨이 매력 있는 서점 & 갤러리

4 사람과 책을 잇다

동네 서점과 1인 출판사   289
나쓰하샤夏葉社 ● 시마다 준이치로

당신 혼자 그 책을 누구에게 보낼 생각인가?   295
저널리스트 ● 이시바시 다케후미

작은 서점 이야기   303
북코디네이터 ● 우치누마 신타로

맺음말   311

역자 후기 그래도 출판을 하겠다는 열망의 근원은 무엇인가?   317

1

혼자라서
할 수 있는 일

일도 육아도
감당할 수 있을
만큼 느긋하게

치이사이쇼보 小さい書房
야스나가 노리코

민영 TV방송국 소속으로 도쿄지검 특수부와 경시청을 담당하는 보도기자였던 야스나가 노리코. 밤낮없이 일에 몰두하던 인생이 출산과 육아를 계기로 확 바뀌었다. '아이와 함께 저녁을 먹기 위해' TV방송국이라는 큰 배에서 내린 그녀는 홀로 작은 배를 젓기 시작했다. 2013년 창업한 뒤, 이듬해 첫 작품 『청青이 없는 나라』를 출간했다. 띠지에 적힌 '무엇이 중요한지는 내가 결정한다'란 문구에는 일과 육아의 양립을 고민하다 결정한 여행의 각오도 들어 있다. 두 아이도 자신의 사업도 지금은 성장이 한창이다. 작게 일하고 사는 것에 관해 이야기를 들어 봤다.

망설일 때는 직감을 믿는다

대학 졸업 후, TBS텔레비전에 입사해서 17년간 일했어요. 주로 보도국 사회부에 있었는데 사건과 사고를 다루는 뉴스의 현장이었죠. TV뉴스에 자주 얼굴을 내비치는 기자 일은 보도 업무 중에서도 제일 혹독해서 불시에 현장을 급습하거나 온종일 취재해야 하는 상황이 되풀이됩니다. 하루에 고작 3-4시간 잤죠. 그땐 30대 초반이어서 체력이 좋았거든요. 날을 꼬박 새우고 일하다 선 채로 자기도 했습니다. 하루는 멍한 상태였는데, 쓰러질 것 같아서 몸을 가누려고 했더니, 머리를 바닥에 꽝 하고 부딪힌 적이 있어요. 일어나 보니 머리에 피가 줄줄……(웃음). 일에 빠져서 취미도 휴일도 필요 없는 인간이었습니다.

그런 야스나가 대표에게 첫째 아이가 생긴 것은 서른네 살 때였다. '세상에 이렇게 재미난 생명체가 있다니!' 하고 감동했다. 그는 나날이 성장하는 아이의 변화에 눈을 떼지 못했다. 결국, 육아휴직을 써서 난생처음 전업주부 생활을 시작했다. 일정이 적힌 수첩은 금세 아이 중심으로 새까맣게 채워졌다. 10개월 뒤 직장으로 복귀할 때는 가사 도우미와 아이 돌보미 후보를 5명 추려 놓는 등 만반의 준비를 했다. 전과 같은 부서, 같은 업무로 돌아갔다. 그러나 야스나가 기자의 사고방식은 크게 바뀌어 갔다.

복귀하기 전에는 실제로 제 생활이 어떻게 변할지 잘 몰랐어요. 어떻게든 되겠지 하고 낙천적으로만 생각했죠. 그러나 전과 똑같이 일했더니 퇴근이 늦어지는 거예요. 뉴스 프로그램은 저녁 5시부터 7시까지 정해진 시간에 방송하니까 서둘러도 밤 9시는 되어야 집에 갈 수 있어요. 일도 하고 싶었지만, 어떻게든 아이와 함께 저녁을 먹고 싶었습니다. 집에서는 엄마로 돌아가고 싶은 마음이었거든요. 그게 제 안에서 꼭 지키고 싶은 규칙이었어요. 설마 제가 그렇게 변할 줄은 몰랐습니다. 스스로 놀랄 정도였어요.

그러다 보니 빨리 끝내고 집에 갈 수 있는 범위의 일만 하게 되고, 일에 제동을 걸기 시작했습니다. 그런 저 자신이 너무 싫었어요. 원래 기자 일을 좋아하는 인간이라서 일에 충실하지 못한 것은 제게 큰 문제였거든요.

이젠 일하는 방식을 바꿔야겠다고 마음먹고 사내를 둘러보니 TV방송국에 업종이 다른 부서가 다수 있는 거예요. 그중 방송 콘텐츠를 판매하는 사업부가 괜찮다고 보고 부서 이동을 신청했어요.

보도 현장은 시간이 성패를 가르는 세계이지만, 사업부라면 근무 시간이 다른 사람보다 짧아도 이익만 확실히 내면 되지 않을까, 나도 보람을 느끼며 일할 수 있지 않을까 하고 생각했어요. 일하는 기준을 '시간'에서 '돈'으로 바꿔 보자는 거였죠. 그런데 사업부는 전혀 다른 회사로 보였습니다. 일단 비즈니스를 위해 주고받는 대화의 뜻을 잘 몰랐어요. 회의에서 나온 용어를 메모했다가 나중에 다른 사람에게 물어봤더니 A4용지 10장이나 되더군요.

사업부에서는 대형 출판사와 손잡고 드라마 등을 책으로 만드는 일을 했다. 5시 반에 퇴근해서 보육원에 아이를 데리러 가기 위해 일부 업무는 집에 가져가서 처리하는 생활을 매일 반복했다. 아이에게 저녁을 먹이고 재운 뒤, 거래처에 메일을 보냈다. 아침에는 4시쯤 일어나서 일했다. 무슨 일이건 대충 하는 법이 없는 성격이라 자투리 시간까지 긁어모아서 일했지만 그 생활을 계속하지는 못할 것 같았다. 이쪽을 메우면 저쪽이 비었다. 영원히 풀 수 없어서 답답한 퍼즐 같았다. 결국, 사업부에서 4년 정도 보낸 뒤 퇴사하기로 마음먹었다.

괴로웠던 건 부서를 옮겨도 같은 환경에서 우왕좌왕할 뿐 근본적인 문제는 해결되지 않는다는 점이었습니다. 저 자신이 만족할 만큼 일을 하면서 아이를 키우려고 한다면 제가 있는 환경 그 자체를 바꾸는 게 좋지 않을까 생각했어요. 구체적으로 '회사를 그만둘 수밖에 없다'는 생각이 머릿속에 있었지만, 그만두고 뭘 해야 할지는 안 보였어요. 기자와 비슷한 일을 하는 르포라이터는 별만큼 많아서, 취재 현장에 24시간 바로 달려갈 수 있는 기동력이 없으면 어려워요. 아, 배운 재주를 못 써먹는다니!

그 상태로 1년 정도 지났을 때 회사의 책 출판이 한 권 취소되어서 갑자기 제 시간이 조금 생기더군요. 밤중에 인터넷을 하다가 우연히 '1인 출판사가 늘어나고 있다'는 작은 기사를 본 순간 '이거다!' 했습니다. 퀴즈 프로그램에서 빨간 등이 켜진 것처럼 눈앞에 길이 활짝 열리는 느낌이었어요.

당시 사업부에서 대형 출판사와 일을 하고 있었기 때문에 '혼자서 출판할 수 있다는 게 정말인가?' 하고 놀랐습니다. 하지만 그것만으로는 회사를 그만둘 수 없었죠. 요즘 젊은 세대라면 회사를 그만두고 창업하는 게 드문 일이 아닐 수도 있지만, 저는 당시 마흔이었고, 종신 고용제가 당연하다는 분위기에서 일해 왔어요. 좋아서 하던 일이니 스스로 그만둔다는 생각까진 안 했죠. 창업해도 먹고살 수 있을지 불안해서 관련서도 여러 권 읽었습니다. 실제로 혼자서 출판을 하는 분들이 있다는 건 알았지만, 저와는 환경이 달라서 중요한 부분은 잘 이해를 못 했어요. 그런 상황에서도 제 직감만은 굳게 믿었죠. 인터넷 시대인 지금은 많은 정보가 있어도 뭐가 옳은지 바로 알 수 없습니다. 제 손과 눈이 미치는 범위와 환경 안에서 '이럴 수도 있다'고 순간적으로 떠오르는 직감의 힘을 믿기로 했습니다.

육아와 일을 병행하는 문제는 어제오늘 일이 아니라서 바로 정답이 나올 수가 없어요. 제 사고방식은 보수적인 편이라 회사를 더 다니면서 업무 방식을 바꾸는 방법도 있었을 거예요. 그게 더 좋을 수도 있었죠. 실제로 복지 제도가 점점 개선되어서 제가 첫째와 둘째 아이를 낳은 3년 동안 회사의 육아단축근무 제도는 더 좋아졌거든요. 그래도 여러 가지로 고민하던 때, 한 가지 깨달은 것은 만인에게 주

어진 시간은 하루 24시간뿐이라는 거예요. 일과 육아, 어느 한쪽도 포기할 수 없다면, 하루 중 업무 시간을 아침, 점심, 저녁으로 나누는 수밖에 없어요. 적어도 저는 그렇게 생각했습니다. 물론 회사에 다니면서 일과 육아를 병행하는 여성은 많이 있어요. 제 경우는 일과 육아 모두 제가 만족하는 수준만큼 병행할 수 있도록 지금의 업무 방식을 선택한 거죠.

'작은 책방'小さい書房이라는 뜻의 상호는 역 앞의 건널목을 걸을 때 떠올랐습니다. '작은'이라는 말은 처음부터 넣고 싶었어요. 이전 직장에서 규모가 큰 업무의 묘미는 충분히 느꼈습니다. 저는 그 큰 배에서 내려와서 작은 보트에 몸을 싣고 노를 저어 거친 물결에 뛰어든 거죠. 앞으로 어

떻게 될지 전혀 모르지만, '작다'는 것만은 확실하다고 생각했어요. 큰 곳은 큰 곳의, 작은 곳은 작은 곳의 이점이 있다고 봅니다. 저는 '큰' 곳의 이점은 다시 누리지 못하겠지만, 앞으로 '작은' 곳의 이점을 살린 일로 살아가고 싶어요.

그림책 서가를 벗어난 그림책

어렸을 때부터 그림책에 둘러싸여 자란 것도, 책을 좋아했던 것도 아니었다. 아이에게 읽어 주려고 도서관에서 그림책을 찾다가 우연히 보게 된 셸 실버스타인의 『아낌없이 주는 나무』에 깊이 감동했다. 그림책은 애들이나 보는 건 줄 알았지만, 어른인 나도 이렇게 자극을 받을 수 있는 그림책이라면 출판해도 괜찮겠다는 생각이 들었다. 야스나가 대표는 TV방송국의 채용 면접 때, "신문을 안 읽는 사람도 볼 수 있는 뉴스 프로그램을 만들고 싶다"고 말했다. 마찬가지로 그림책이 익숙하지 않은 사람도 볼 수 있는 그림책을 만들고 싶었다. 일의 형태는 바뀌었지만, 목표하는 바는 바뀌지 않았다.

저에게 아이가 없었다면 그림책 서가에는 가지 않았을 거예요. 그래서 그림책 서가를 벗어난 그림책을 만들고 싶었습니다. 읽을거리에 '그림'이 있는 책이란 이미지요. 그림책은 그림과 글로 성립한다는 점이 TV와 감각적으로는 비슷하다고 할 수 있습니다. 가령 영상이 강하면 내레이션이 필요 없고, 반대로 내레이션으로 영상이 살아나는 경우도 있어요. 눈앞의 사물이나 현상을 잡아내는 '뉴스'와 아무것도 없는 곳에서 이야기를 짜낸 '그림책'은 차이가 있지만, 기획 과정에서 어떤 방법으로 어떻게 전달할지 생각하는 부분은 다르지 않습니다. 의외로 그전에 했던 일과 겹치는 부분이 있어서 해 보고 재미있다고 느꼈어요.

1인 출판사를 시작한 계기는 아이와 함께 많은 시간을 보내고 싶어서였지만, 전 아이에게 종일 붙어 있는 엄마는 아니에요. 아이는 아이, 저는 저. 각자 자립해서 살아가야 한다고 믿기 때문에 아동용 그림책에는 별로 흥미가 생기지 않았습니다. 아동용 그림책이 시장의 대부분을 장악하고 있어서 우리처럼 작은 출판사는 무언가 특징이 없으면 묻혀 버린다고 생각했어요. 그렇다면 대형 출판사가 노리지 않는 '성인 대상 그림책'을 내면 하나의 개성이 생기지 않을까 했죠.

판형은 처음부터 결정해 두었습니다. 아동용 그림책은 부모가 읽어 주기 편하게 대형 판형으로 나오는데요. 우리 책은 직장인의 가방에 들어갈 수 있는 A5 크기로 만들고 싶었어요. 읽는 맛이 있고 메시지가 담긴 내용으로 만들기 위해 면수도 대형 그림책에서 흔한 32쪽이 아니라 64쪽 정도로 정했습니다.

출판사명이 일찍 결정되고 내고 싶은 책의 이미지도 정해졌지만, 저자를 찾는 일은 쉽지 않았다. 나름대로 여기저기 알아봤지만 잘 안 되었다. 시행착오를 겪던 야스나가 대표에게 '카스텔라의 법칙'이라는 말을 알려 준 편집자 친구가 있었다. "카스텔라를 좋아한다고 계속 말하면, 남한테 받거나 저절로 얻게 된다." 자기가 좋아하는 것이나 목표를 말하고 다니면 자신에게 기회가 찾아온다는 의미였다. 그 덕인지 창업하고 1년 반 뒤, 첫 책 『청이 없는 나라』를 출간할 수 있었다.

당시 홈페이지도 없이 명함만 있었던 저에게 '카스텔라의 법칙'은 딱 맞는 조언이었어요. 여러 사람을 만나서 "저는 1인 출판사 치이사이쇼보의 야스나가입니다." 하고 계속 말하고 다녔어요. 실적도 없는데 그렇게 소개하는 게 부끄럽긴 했지만, 생각해 보면 저에겐 그 방법밖에 없었어요.

혼자서 '이렇게 하고 싶다'고 생각해도 다 그대로 되지는 않지만, 설령 그대로 되더라도 그건 별로 좋지 않다고 봅니다. 회사와 달리 혼자 다 결정할 수 있어서 귀찮은 절차가 없는 대신, 시야가 좁아지거든요. 공을 여러 번 다양한 사람에게 던지다 보면 화학 반응이 일어나서 생각지도 못한 길이 열리기도 합니다. 될까 안 될까. 재미있겠다고 직감하면 과감하게 나아가요. 다만, 나아간다고 다 잘되는 게 아니라서 혼자는 역시 두려워요. 잇속만 노리고 다가오는 사람도 있거든요. 그런 사람은 동물적인 후각으로 구분해 낸다고밖에 말할 수 없어요. 그래도 시야가 좁아지지 않도록 나부터 움직여야 합니다.

처음 출간한 『청이 없는 나라』의 저자, 가제키 가즈히토 씨는 그전까지 모두 아동서 전문 출판사에서 그림책을 낸 작가였어요. 하지만 『잎사귀 귤』● 등을 읽고, 그분의 책을 내고 싶었어요. 사회의 가치관과는 상관없이 '뭐가 중요한지는 내가 결정한다'는 성인 대상의 주제를 공유할 수 있는 분이라고 느꼈죠.

작가 쪽에서 보면 들은 적도 없는 1인 출판사 운영자로부터 느닷없이 "첫 저자가 되어 달라"는 부탁을 받은 셈이에요. 아마 '이 사람 뭐지?' 하고 생각하셨을 거예요. 그러나 사건 취재기자는 대개 취재당하고 싶지 않은 사람을 찾아가는 일에 익숙한지라 밑져야 본전이란 자세가 기본입니다. 대형 출판사에 비해 초판 부수도 적고 홍보력도 부족한데다 저 스스로 도서 편집 경험도 없어서 작가 입장에서는 같이 일해도 좋은 점이 없었어요. 처음부터 그런 단점에 대해 양해를 받고 오로지 열의를 전하는 수밖에 없었죠. 그때 가제키 씨가 "야스나가 대표님, 1인 출판사에 필요한 것이 뭔지 아세요?"라고 하시기에 모른다고 답했더니 "첫 번째는 빠른 결단력, 두 번째는 용기입니다"라고 하셨어요. 제가 '무모'하다는 생각은 했는데, 그걸 '용기'라고 말씀해 주시는 분을 만나서 정말 행복했습니다. 또 가제키 씨가 "출판에 크고 작은 건 상관없다"고 말씀해 주셔서 어깨가 가벼워졌어요. 집필 의뢰 승낙을 얻은 다음 달, 감기로 열이 나

● 자기 머리에 붙어 있는 잎을 늘 뽐내던 귤이 있었는데, 아이한테 그 잎을 빼앗기고 우울해하다가 중요한 건 겉모습이 아니라는 걸 깨닫는다는 내용의 그림책.

서 네 번이나 몸져누웠어요. 첫 원고가 도착한 것이 5개월 뒤였고, 책이 완성된 날은 그로부터 1년 뒤였습니다. 스피드가 생명인 TV 뉴스 일을 하던 저한테는 기다리는 일이 힘들었어요. 아이를 보육원에 맡기고 '나 지금 정말 일하는 건가?' 하고 생각한 적도 있어요. 하지만 그림책 작업에선 작가의 원고를 기다리는 일도 중요하다는 걸 배웠습니다.

첫 책의 띠지 문구 '뭐가 중요한지는 내가 결정한다'는 회사를 그만두고 혼자 창업한 제 경험에서 나온 말이기도 합니다. 처음엔 공사 구분이 없는 말이 아닌가 하는 생각도 들었는데, 띠지 문구가 좋아서 샀다는 분이나 인생의 고비에서 삶을 다시 생각하는 계기가 되었다는 감상이 많아서 결과적으로 좋은 선택이었다고 생각해요. 서점에는 신간, 그림책 코너 이외에도 문학, 시, 수필, 예술서 코너에 진열되기도 했어요. 준쿠도 서점은 성인 대상 그림책 서가가 따로 있지만, 다른 곳의 진열은 서점 담당자분들하고 얘기하기 나름이에요. 누구 눈에 띨지 모르니 다양한 서가에 진열해 주는 것이 저로선 고맙죠.

보도 현장에 오래 있었던 그의 책에는 사회에 대한 그만의 시선이 있다. 두 번째, 세 번째 책에서는 그것을 더 강하게 느낄 수 있다.

전부터 아무것도 안 하는 사람은 상처받지 않겠구나 하고 느꼈어요. 두 번째 책 『두 번째의 악인』은 미디어 등을

통해 사회를 들여다봤을 때 은연중에 품어 왔던 의문을 형
태화한 거예요. 예를 들어 학교의 집단따돌림 문제도 주변
에서 그냥 지켜보기만 하는 사람은 사실 가해자와 다름없
지 않나 하고 생각했는데요. 꼭 비난받을 일은 아니에요. 사
회인도 어떤 행동을 하면 할수록 실패를 하는 경우가 있잖
아요. 아무것도 안 하면 자기 자리가 흔들릴 걱정도 없지요.
행동하지 않는 편이 편한 경우가 있습니다. 이 책은 가장
나쁜 사람에게 복종해 버리는 '그 밖의 많은 사람에게 죄는
없는지?'라는 문제 제기가 주제입니다.

사회 비판의 메시지가 강해서 등장인물은 인간이 아니라 동물로 했어요. 책에 메시지를 넣고 싶었지만, 너무 전면에 부각하면 설교하는 느낌이 듭니다. 어린아이들은 메시지를 몰라도 볼 수 있을 거예요. 나중에 커서 숨은 의미를 알게 되면 좋지 않을까 해요.

편의상 '성인 대상'이라고 했지만, 원래 어떤 그림책도 한자만 읽을 수 있으면 어른이나 아이나 다 볼 수 있어요. 처음에는 초등학생 이상이면 누구나 읽을 수 있는 그림책으로 만들고 싶었습니다. 하지만 그렇게 하면 한자의 일본어 토가 너무 많아지죠. 일본어 토(후리가나) 때문에 글씨를 크게 하면 아동서처럼 되어서 어른들이 사지 않아요. 결국, 일본 초등학교 5학년 수준 이상의 한자에만 토를 달기로 했습니다.

이 책이 전국학교도서관협의회의 초등학교 고학년·중학생용 도서로 선정되었을 때, 관계자 분이 "중학생은 자신을 아이라고 생각하지 않고, 고등학생은 자신을 어른이라고 생각한다"고 하셨는데, 그 말이 아주 인상에 남았어요. '성인 대상 그림책'을 만드는 데 매우 함축적인 말이거든요. 머리에 담아 두고 있습니다.

세 번째 책 『걷는 속도로』는 스마트폰이 넘쳐나고 편리함이 나날이 발전하는 이 시대에 사실은 무언가 잃어버리고 있지 않나 하는 질문을 던진 책입니다.

글을 써 준 마쓰모토 간 씨는 광고회사 덴츠의 크리에이티브 디렉터로 있을 때, 광고 CF를 여러 편 히트시킨 분

어른도 푹 빠져 감동할 수 있음을 만들고 느끼하게

33

이에요. 일상의 사소한 의문을 코믹하게 그린 『모두의 돼지』라는 애니메이션을 보고 집필을 의뢰했습니다. 거창하지 않고 소소한 배경에서 문제를 제기하는 수법이 아주 대단하다고 생각했거든요. 그림을 그려 준 사카이 나오코 씨는 이 책이 데뷔작이에요. 책 만들기를 생업으로 선택한 뒤, 새로운 저자를 발굴하는 일에도 보람을 느낍니다.

무모한 행동에도 책임이 따른다

책이 팔리고는 있지만, 경비를 빼면 이익이 안 난다고 한다. 경영을 위해 책값을 올릴 수밖에 없는 상황이지만, 누구나 무료로 보는 TV 업계에 있었던 야스나가 대표는 비싼 책값에 거부감이 있다.

그림책의 인쇄는 컬러가 기본이어서 아무래도 제작비가 높아져요. 그래서 '빵집을 할걸' 하고 생각한 적도 있어요. 천연 효모나 손 반죽 같은 부가 가치를 넣으면 값을 올려도 소비자가 받아들이거든요. 그러나 책은 인쇄와 종이가 대형 출판사와 큰 차이가 없고, 같은 일을 작은 규모로할 뿐이죠. 제작 단가를 내리기 위해 초판 부수를 늘리고 싶지만 여의치 않아요. 물론 규모가 작으니까 만족스러운 완성도가 나올 때까지 출간 시기를 늦추는 것도 가능합니다. 그렇다고 정열을 많이 쏟았으니 가격을 올리겠다고 할 순 없잖아요. 어떤 서점 사장님이 "한 권에 1,400엔 받아서 1인 출판사를 운영할 수 있겠어?"라고 말씀하셨는데, 출판 업계의 감각으로는 어려운 일이지만, 저는 아직 구매자의 감각이 남아 있어서 조금만 더 비싸도 안 사겠구나 하는 생각이 들어요.

하루는 24시간뿐인데, TV, 인터넷, 닌텐도 게임기, 스마트폰 등 즐길 거리가 많다 보니 책은 원래 책을 좋아하는 사람들만 사는 상품이 되어 가고 있어요. 그래도 어쩔 수 없다고 포기하고 싶진 않습니다. 책값이 비싸지면 책을 좋아하는 사람만 사는 경향이 가속화할 거예요. 그래서 지금은 이를 악물고 버텨야 해요. 지금 가격으로 견딜 수 없게 되면…… 양해를 구해야죠(웃음). 어떻게 양해를 구하느냐고요? 우동 가게가 '원재료값 인상에 따른 가격 인상'이라고 가게 앞에 써 붙이듯이 저도 방침 변경해야 할 때가 올지도 몰라요. 저자가 있으니 책임이 따르고, 지속하기 위한 자금을 확보해야 하니까요. 무모한 선택을 할 때는 책임이 더 커집니다.

'1인 출판사'라고 하면 느긋하게 보이는 인상도 있는 것 같아요. 시작하려고 마음먹으면 누구나 할 수 있으니까요. 앞으로도 많이 생기겠지만, 5년, 10년 후에 몇 곳이나 살아남을까요. 대형 출판사조차 부동산 사업 등 다각 경영으로 이익을 내는 시대에 오직 출판업만 하며 책을 알리고 파는 일은 굉장히 어렵습니다. 이 출판 불황 속에서 어떻게 오래 지속할지가 제 과제입니다.

그런데도 "남편의 돈을 쓰지 않는 것이 대전제"라고 말하는 야스나가 대표. 지금은 자신의 저축을 깨서 자금을 대고 있다. 궤도에 올라 이익을 낼 때까지 "3년이면 너무 짧고, 10년이면 너무 느긋하다"고 한다. 그래서 앞으로 5년을 목표로 잡았다.

결과를 낼 때까지 "10년 기다려"라고 하면 아무리 가족이라도 무책임하지 않나 싶어요. 저란 인간은 제 밥벌이를 제가 안 하면 싫거든요. 책을 내도 판매대금은 출간 6개월 뒤에나 입금되고, 작가 인세, 인쇄제본비 등의 제작비는 먼저 나갑니다. 자금을 회수할 수 있는 구조를 빨리 만들지 못하면, 제작비 부담이 점점 늘어나죠. 다음 작품도 계속 생각해야 하는 상황이라 날마다 도전의 연속이에요.

모든 것을 감수하고 앞으로 5년, 10년 팔고자 한다면, 제가 100퍼센트 만족하는 책이어야 일이 괴롭지 않아요. 그래서 만족도를 중요하게 생각합니다. 아울러 '지속하는' 것도 중요한 과제이기 때문에 현실적으로 어떻게 해야 오래할 수 있을지 재검토해야 할 때가 올지도 몰라요. 5년은 이 방향으로 가고, 잘 안 되면 그때 다시 생각하려고 합니다.

저는 작가가 작품을 보내오는 것을 기다리기만 하는 방식은 싫고, 할 수도 없어요. 좋은 저자에게는 우리 출판사보다 조건이 좋은 대형 출판사의 편집자들이 줄 서 있어서 저같이 작은 곳은 결국 맨 뒤에 서게 됩니다. 그러면 '작은' 출판사는 너무 불리하죠. 그래서 역으로 제가 공유하

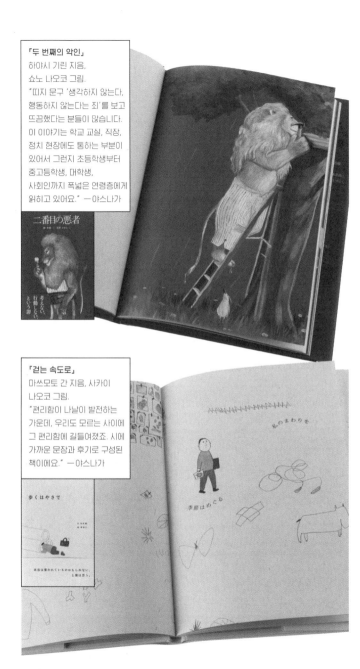

「두 번째의 악인」
하야시 기린 지음,
쇼노 나오코 그림.
"띠지 문구 '생각하지 않는다,
행동하지 않는다는 죄'를 보고
뜨끔했다는 분들이 많습니다.
이 이야기는 학교 교실, 직장,
정치 현장에도 통하는 부분이
있어서 그런지 초등학생부터
중고등학생, 대학생,
사회인까지 폭넓은 연령층에게
읽히고 있어요." ―야스나가

「걷는 속도로」
마쓰모토 간 지음, 사카이
나오코 그림.
"편리함이 나날이 발전하는
가운데, 우리도 모르는 사이에
그 편리함에 길들여졌죠. 시에
가까운 문장과 후기로 구성된
책이에요." ―야스나가

고 싶은 주제를 저자에게 제안합니다. 1인 출판사는 작가들이 볼 때 단점도 있겠지만, 5년, 10년이 지나도 담당자가 바뀌는 일이 없어요. 변치 않는 정열로 책을 계속 소개한다는 점은 장점이라고 생각합니다.

작은 출판사라는 현실 인식과 꿈

작으니까 할 수 있는 일과 할 수 없는 일은 양쪽 모두 많다. 할 수 없는 일에 부딪혔을 때는 '감당할 수 없는 일을 하려는 게 잘못'이라고 생각한다. 먼저 자신의 역량을 파악한 뒤에 하고 싶은 일을 찾는 게 좋다. 그런 생각을 가진 야스나가 대표가 작으니까 가능한, 큰 꿈을 밝혔다.

명함 뒷면에 '혼자 읽어도 아이와 읽어도'라는 글과 함께 로고가 들어가 있어요. 노을과 직물의 이미지로 디자인된 로고죠. 이 문구가 나오기까지 힘들었습니다. 비즈니스의 기본은 독자층을 좁히는 것부터 시작하지만, 저는 일부러 한정하지 않았어요. 'ㅇ세 대상' 같은 틀에 얽매이지 않는 책을 만들고 싶었거든요. 자칫 나쁜 쪽으로 흐르면 너무 넓은 연령층을 노리다가 외면받는 책이 될 수도 있죠. 하지만 혼자서 하는 작은 출판사니까 고집할 부분은 지키고 싶었어요. 그때 디자이너로부터 "야스나가 씨의 말은 노을을 보는 것에 비유할 수 있어요"라는 말을 들었어요. 노을을

보고 '와, 노을이다'라고 느끼는 건 어른이나 아이나 똑같잖
아요. 누구나 볼 수 있는 아름다운 광경이지만, 어떻게 느
낄지는 보는 사람마다 조금씩 달라요. 그 노을에 직물 이미
지를 겹쳐 봤어요. 세로 선과 가로 선이 서로 반발하는 게
아니라 겹쳐서 하나의 직물이 되는 거죠. '공유한다'는 제
목표를 형상화한 겁니다.

　　로고에 굳이 상호를 넣지 않았는데요. 거기에 '치이사
이쇼보'小さい書房라고 넣으면 우리 출판사 책에밖에 못 쓰잖
아요. 이건 저의⋯⋯ 야망이라고 해야 하나, 언젠가 서점에
'혼자 읽어도 아이와 읽어도'라고 간판을 걸고 여러 출판사
의 책을 진열하면 어떨까 싶어요. 치이사이쇼보는 잘해야
1년에 1-3권밖에 못 만드니까 우리 책만으로는 그렇게 할

수 없어요. 하지만 아이 어른 모
두 읽을 수 있는 책은 다른 출판
사에도 있지요. 이렇게 책이 넘
쳐나는 상황에서 "우리 책만 팔
아 주세요"라고 부탁하는 건, 현
실적으로 불가능하고 옳지도 않
은 생각이에요. 언젠가 다른 분

들과 이 로고를 공유하면서 하나의 장르를 확립할 수 있으
면 좋겠어요. 같은 생각으로 출판하는 분들의 책이 모인 곳
에 치이사이쇼보 책이 들어간다면 더없이 행복할 거예요.

야스나가 대표는 이야기하면서 들뜬 마음을 추스르는 데 애
썼다. 서점에서 첫 책 『청이 없는 나라』가 자신이 좋아하는 셸
실버스타인의 『어디로 갔을까, 나의 한쪽은』과 『아낌없이 주
는 나무』 사이에 진열된 것을 본 순간, 가만히 기쁨을 음미했
다고 한다.
목표의 실현이 다음 꿈으로 이어진다.

●치이사이쇼보 chiisaishobo.com

1인 출판사는 유쾌하게 살아갈 수 있는 수단이 될까?

도요샤土曜社

도요타 쓰요시

그의 일터는 다이칸야마에 있었다. 세련된 아파트의 방문을 열고 먼저 놀란 것은 극단적으로 물건이 적다는 점이었다. 자택을 겸하는 용도로는 좁아 보이는 방들이었다. 더구나 부인과 함께 산다고 했다. 도요타 쓰요시 대표는 출판사 두 곳에서 영업을 경험한 뒤, 생명보험회사에서 자산관리사 일을 하다가 2010년 도요샤를 창업했다. 첫 작품은 1900년 초 일본에서 활동했던 사회사상가 오스기 사카에의 복간본이었다. 오스기 사카에가 한 말 중에 "자유롭고 유쾌한 사회"가 있다. '자유'는 쉽게 손에 넣을 수 없지만, '유쾌'하게 일하는 것이라면 자신도 할 수 있으리라 생각했다. 본질적으로 필요한 것을 파악해서 나답게 살아가기 위한 출판활동. 그 실천의 장으로서 만든 공간이 그곳에 있었다.

한숨 돌리는 것도 업무에 들어간다?

다이칸야마는 저에게 여유를 주는 동네예요. 전에 살던 도쿄의 미나토구 다마치에서는 매일 직장인들이 바쁘게 돌아다녀서 쫓기는 느낌이었거든요. 학생 시절에 살았던 가마타는 노인이 많아서 병원도 많았어요. 늙고 병든 분들을 보는 것이 젊은 저한테는 힘든 일이었어요. 그런 면에서 다이칸야마는 다들 멋을 부리고 다니는 동네라서 힘겨운 현실을 안 봐도 됩니다. 그래서 10년 넘게 다이칸야마에서 살고 있습니다. 또래 친구들은 결혼 등을 계기로 교외에 나가서 좀 좋은 집에 살기 시작했어요. 걔들과 반대로 가고 싶은 마음이 생겨서 "난 영원히 이 동네에 남을 거야"라고 했죠(웃음). 월세도 비싸고 좁지만 참으면 됩니다. 그래도 사람이 오기 편한 곳으로 만들고 싶어요. 그런데 예상외로 오지 않더군요(웃음). 시부야로 출퇴근하는 친한 친구조차 들르지 않습니다.

지금 방은 30제곱미터인데요. 처음 이 동네에 이사 왔을 때는 20제곱미터로 더 작았어요. 남동생 그리고 당시 여자 친구였던 아내와 셋이서 함께 지냈습니다. 20대 때 읽던 책들은 첫 직장을 그만둘 때, 먹고살기 힘들어서 다 팔았어요.

대학을 졸업하고 들어간 첫 직장은 학술 서적 출판사였고, 두 번째는 레코드 회사의 출판국에서 영업자로 일했다. 두 회사에서 전혀 다른 분야의 서적 영업을 7년간 경험한 뒤, 생명보험회사로 이직하여 자산관리사로 1년 반 일했다. 출판 일이 안 맞는다고 생각해서 자산관리사가 되었지만, 일단 떨어져 보니 다시 출판계로 돌아가고 싶어졌다.

졸업하고 들어간 게이오대학 출판회에서는 주로 학술 연구서와 교과서 그리고 대학 교수가 쓴 일반인 대상의 교양서를 가지고 영업했어요. 영업은 대학생활협동조합, 도서관, 서점 중에 도서관과 대형 서점을 담당했습니다. 보통은 지역별로 담당을 나누는 경우가 많은데, 광고대리점 방식처럼 수직으로 나눈 거죠. 담당 구역이 확실히 구별되었고 성과도 알기 쉬웠지만, 동선은 불편한 면이 있었어요. 대학도서관에 영업하러 가도 같은 학교 안에 있는 생활협동조합에는 다른 담당자가 가거든요. 근처에 대형 서점이 있어도 자기 담당이 아니면 안 들르고 오죠.

그것도 여유가 있던 2001년 이야기예요. 당시는 거래처에서 '게이오의 도요타 씨'라고 불러 주고, 사무실에 제 책상이 있다는 게 기뻐서 열심히 일했습니다.

그다음엔 블루스인터액션즈라는 레코드 회사의 출판국에 다녔습니다. 음악을 좋아한다고 자부했는데, 거기선 음악을 잘 아는 게 당연했어요. 전 별거 아니었음을 깨달았죠. 너무 대단한 걸 마주하면 의욕을 잃는 경우가 있잖아요. 남과 비교할 필요는 없지만, 창피해서 어떤 음악을 좋아하는지조차 직원들 앞에서 얘기하지 못했어요. 회사에서 음악 이야기는 거의 안 했습니다. 월간지 한 권과 격월간지 서너 권을 내던 곳인데 일반 서적도 한 해 40−50권은 나왔어요. 영업자는 처음에 3명 있었지만, 제가 그만둘 때는 저 혼자만 남았더군요. 제 영역을 점점 넓히는 성향 때문인지 영업은 저 혼자서도 충분히 떠안을 수 있었습니다. 그래서 제가 그만두면 회사에 부담이 된다는 점을 잘 알고 있었지만, 몰래 면접을 봐서 생명보험회사로 이직했습니다. 제가 갑자기 그만두는 바람에 출판국은 그 뒤 3개월이나 영업자가 없는 상태였다고 해요. 그런데도 책은 계속 서점에 진열되었고, 큰 문제 없이 지나갔다고 합니다. 매출도 순조로웠다고 하더군요. 내가 없으면 회사가 곤란해질 거라는 생각은 주제넘었던 거죠.

생명보험회사의 자산관리 업무는 '인생설계 도우미'라는 타이틀로 자산운용을 영업하는 일이었어요. 당시 그 회사에는 본사에 소속된 200명 정도의 자산관리사가 있었습니다. 그 일이 매우 어려웠어요……. 그 무렵, 저는 월세살이에 독신이라 아이도 저축도 없었고, 무보험에 수입도 불안정했습니다. 그런 인간이 남의 인생을 설계한다는 건 설득력이 없다고 생각하면서 일했습니다. 처음 3개월간은 빡빡한 일정으로 연수를 받거든요. 큰 회사답게 금융 세일즈의 기본을 확실히 교육합니다. 연수받는 첫날, '아아, 위험한 곳에 왔구나!' 하고 암담한 기분이 들었습니다.

1년 반 해 보고 자산관리사 일은 더 못 하겠다고 생각하던 차에 편집자 친구가 우리 집에 놀러 왔어요. 회사에서 자리가 위태로워진 그의 이야기를 듣고 맞장구치다가 둘이서 출판사를 차리자는 얘기로 흘렀습니다. 처음에는 친구가 편집을 맡고 제가 영업을 맡기로 했지만, 솔직히 영업을 또 하고 싶진 않았어요. "그럼, 영업이 필요 없는 출판사를 만들자"고 친구가 대안을 내줘서 "그거 좋다!" 하고 신나 했죠.

　편집자 일도 잡무가 많다고 하지만, 영업은 잡무가 더 많고 끈기가 필요한 일이에요. 하루도 편할 날이 없고, 일이 끝났다는 느낌이 없어요. 두 번째 다닌 출판사에서는 3년 동안 할 수 있는 건 다 했지만, 그 상태로 10년은 도저히 못 하겠더군요. 한숨 돌릴 여유가 업무 시간에 확실히 포함되면 좋겠다고 생각했어요. 거래처에서 상담이 끝나면 바로 돌아오는 것이 원칙이지만, 인간이니까 잠깐 한숨 돌리고 싶어져요. 처음 다닌 회사에선 나름대로 여유를 마련했어요. 영업하러 간 김에 헌책방이나 레코드점에 들러서 30센티미터 LP판을 사고, 가방 안에 숨겨서 들어갔죠. 그런 딴짓은 허락을 받고 하는 게 아니니까 계속 찝찝한 기분이 들었어요……. 상사도 속으로 '쟤는 매번 늦게 돌아오네'라면서 알고 있지 않았을까요. 그래서 두 번째 다닌 회사에선 일만 했습니다. 첫 번째 회사에선 하루에 거래처 4-5곳을 다녔다고 한다면 두 번째 회사에선 시간을 짜내서 10곳 이상 돌아다녔어요. 그러나 그런 식으로는 오래 할 수가 없었죠.

당연히 해야 할 일을 그만둬 본다

그 당시, 도요타 대표는 거래처 관리 일을 병행하며 책 편집 외주 일도 한 권 하고 있었다. 레코드 회사의 창업자였던 히구라시 야스후미의 『음악 회사 창업 삼매경』 원고를 반복해서 읽는 동안, 자신도 편집 일을 할 수 있겠다는 생각이 들었다. 출판사를 같이 차리자고 친구와 했던 이야기는 그 뒤 흐지부지되었고, 결국 혼자서 도요샤를 창업했다.

회사원 시절의 업무 방식을 되돌아보면서 자신에게 맞는 업무 방식을 찾았다.

처음에는 두 출판사에서 영업하면서 얻은 경험과 지식을 다 살리려고 했습니다. 출간 전에 보도자료를 만들어서 기자들에게 보내고, 책이 나오면 서평이 실리도록 언론 매체에 의뢰했습니다. 할 수 있는 일은 다 하려고 했던 거죠. 지금은 하는 일을 한정해서 예전만큼은 안 해요. 'Less is more'(적을수록 많다, 과유불급)라는 말도 있지 않습니까. 도요샤의 책은 띠지와 커버를 없앴어요. '제품이 아니라 스토리를 팔아라'라는 풍조가 강조되면서 세상에 스토리가 넘치다 보니 성가신 면도 있어요. 물론 독자의 눈에 띄게 하는 작업은 하지만, 책은 이미 스토리를 갖춘 상품이라 선전을 과하게 하지 않습니다. 그래서 홍보보다는 서점과 저자 양쪽의 힘을 빌려서 책을 팝니다. 서점과 저자가 볼 때는 출판사로서 영업 노력이 부족하다고 생각할 수도 있기 때문에 미안한 마음이 들긴 합니다.

보통은 어떤 서점이 우리 책을 평대에 진열해 주면, 맞은편 서점도 진열해 준다고 보고 영업 대상을 점차 확대하는데요. 그걸 시작하면 끝이 없습니다. 일이라는 명목으로 보여 주기 위해서 하는 부분도 많지 않을까요. 저자의 체면을 위해서라든가 사장 집과 가까운 서점이라든가…… 그런 식으로 하면 끝이 없는데도 누가 하지 말자고 얘기할 수 있는 분위기가 아닌 것 같아요. 온갖 일을 혼자 다 하는 사장조차 자기 회사를 뜻대로 운영하긴 어려워요. "내일은 눈 오니까 쉬자" 하고 말할 수 있는 사장이 몇이나 될까요. 사장조차 자유롭지 않은 회사에서 도대체 누가 자기 뜻대로 할 수 있을까요. 모두 자유롭지 못하고 누구를 위한 회사인

지 모릅니다.

　어렸을 때, 아이돌은 아버지의 임종을 못 볼 정도로 바쁘다는 말을 듣고, '그렇게 대단한 직업이 있다니!'라며 세상의 혹독함을 느꼈죠. 사람에겐 사대주의가 있어서 일을 지나치게 앞세우는 면이 있지 않나 싶어요. 매번 '일'이라는 핑계를 앞세우는 건 그리 멋진 모습이 아니에요.

　그래서 저는 '일'이라는 말을 극단적으로 피하고, 대신 '작업'이라고 합니다. 작업을 하기 위해 사람을 못 만날 수는 있습니다. 그러나 항상 일을 최우선으로 내세우는 우리 세대는 이상하다고 생각해요.

　'출판사는 이래야 한다, 출판사는 이렇다'고 고정된 관행들을 과감하게 그만두고 싶습니다. 어느 정도 적당히 하는 부분이 없으면 지속할 수 없다는 것이 전에 했던 일들을 통해 깨달은 점입니다. 웹사이트의 책 소개가 화려하지 않고 기본에 충실한 것도 '그만두자'는 발상의 하나입니다. 즉 모든 이에게 팔려고 하면 안 된다는 발상이죠. 독자 대상을 아주 좁게 한정했으니까요. 서점 한 곳이라도 더 나가서 파는 것보다 그 에너지를 다른 곳에 쓴다면 저 혼자서도 할 수 있다고 생각해요.

창업 3년째, 자금이 바닥나는 바람에 신문사의 교열 아르바이트를 해서 고비를 넘긴 적도 있다. 5년째를 맞는 2015년, 출간 종수가 10권을 넘겼을 무렵부터 조금 편해졌다고 한다.

　10권을 하나의 목표로 삼아 왔습니다. 이제야 책을 갖췄다는 게 실감이 나요. 구간 매출이 받쳐 주니 신간을 기를 쓰고 내지 않아도 됩니다. 시간도 조금씩 여유가 생길 기미가 보입니다. 그런데 남는 시간을 뭐에 쓸지 생각했더니 할 일이 아무것도 없는 거예요. 원래는 더 본질적인 어떤 일에 시간과 노력을 기울이고 싶었는데, 의외로 할 일이 없고, 읽고 싶었던 책을 읽는 것도 아니에요.

　회사에 다닐 때는 외근하러 가는 시간 말고는 자유 시간이 없어서, 전철에서 책을 읽는 것이 당연했지만, 지금은 제 뜻대로 시간을 조정할 수 있습니다. 그럼 하고 싶었던 독서를 마음껏 하면 될 텐데 그러지도 않아요.

　더 할 수 있는데 안 한 일이 있을 것 같아요. 예를 들어 돈을 들이면 효율화할 수 있는 일이 있을 거예요. 하지만 그 돈을 쓰는 대신 시간을 들여서 하는 작업도 있습니다. 보통, 회사는 돈과 시간을 데굴데굴 굴려서 돈을 벌잖아요. 저는 지금, 투자해서 회수하고 투자해서 회수하는 사이클을 어디까지 천천히 길게 지속할 수 있는지 시험하는 중입니다.

개인 활동의 부산물로서 책이 있다

도요타 대표는 '그만두기'를 여러 가지 실천하면서 '적당히 하기'를 의식적으로 도입했고, 자신만의 일하는 방식에서 '적당한 조합'을 찾고 있다.

도요샤의 첫 작품으로 도요타 대표가 선택한 오스기 사카에는 아나키스트의 대명사이다. 과격한 에피소드가 많은 사상가와 항상 온화해 보이는 도요타 대표의 인상에는 큰 괴리가 있다. 그러나 잘 생각해 보면 관리받는 직장 생활에서 벗어나 스스로 관리하는 회사를 차린 일도 일종의 아나키즘적인 행동이라고 할 수 있을 것 같다. 아나키즘의 개인주의와 자유주의를 일상적인 업무 방식에 도입하는 일을 어떤 회사가 실현할 수 있을까. 도요타 대표는 남에게 피해를 주지 않는 범위에서 실천하기 위해 1인 회사를 만든 것으로 보인다.

오스기 사카에의 책을 첫 책으로 선택한 까닭은 오스

기 사카에라면 책을 내도 용서해 줄 것 같아서였어요. 그가 한 말 중에 "사상에 자유 있으라. 다시, 행동에도 자유 있으라. 그리하여 그 모든 동기에도 자유 있으라"가 있습니다. 제가 출판사를 차린 동기는 불순했어요. 즉 좋은 책을 독자에게 전하고 싶은 생각이 먼저 있어야 하는데, 저는 직장 생활과 영업 일이 싫다는, 사적인 이유로 시작했어요. 아주 무책임한 동기이지만, 그런 동기조차 오스기 사카에 본인이나 오스기 사카에 책을 읽는 분은 받아 줄 것 같았습니다. 그의 책은 저작권이 풀려서 이와나미 문고에도 있었기 때문에 굳이 제가 안 내도 되는 책이라는 자괴감도 있었어요. 저작권 사용 허가를 받을 필요는 없었지만, 우연히 오스기 사카에의 조카 오스기 유타카 씨와 연락이 닿아서 등을 떠밀리듯 시작했죠.

오스기 사카에가 꿈꿨던 것은 '자유롭고 유쾌한 사회'였어요. '자유'란 말은 굉장히 어려운 말이라고 생각합니다. 저는 아직 생각이 짧아서 "자유가 좋다"고 쉽게 말할 수 없어요. 그러나 '유쾌'한 것은 잘 아니까 "유쾌한 편이 좋다"고는 말할 수 있습니다. '자유로운 사회'까지는 안 되더라도 '유쾌한 사회'는 좋다고 생각하거든요.

확실히 사상 면에서는 대단한 인물이라고 생각합니다. 저는 도저히 그렇게 살 수 없지만, 오스기 사카에에게는 유쾌한 측면도 많이 있었어요. 한 가지 예를 들면 오스기 사카에가 동지들과 기관지를 간행하기 위해 건투할 무렵, 도심보다 발행소 보증금이 싸다는 이유로 잠시 가나가와의

즈시에서 살았어요. 그 기관지는 정부로부터 여러 번 금서 조치를 당해서 오스기는 궁지에 몰렸습니다. 그래도 명랑 함을 잃지 않고, 오키나와에서 온 젊은 동지와 함께 즈시의 바닷가에서 아이스크림을 팔았어요. 헌병대에게 살해당하 는 비참한 최후를 맞이했지만, 결코 인생을 사는 내내 이를 꽉 물고 산 건 아니에요. 어딘지 밝고 느긋한 면이 보여서 제 안에서 오스기 사카에는 유쾌한 사람입니다.

　'왜 오스기 사카에인지'는 한마디로 충분히 전할 수 없 어요. 책의 가장 중요한 접점이 저자와 독자라는 점을 생각 하면 도요샤라는 출판사의 존재는 최대한 명랑한 편이 좋 다고 생각합니다. 그래도 도요샤가 낸 책에서 무언가를 느 끼는 분이 있다면 다 된 것이라고 봅니다.

왼쪽부터 『자서전』, 『옥중기』, 『오스기 사카에 회고』 모두 오스기 사카에 지음

오스기 사카에 책을 낸 출판사라는 이유로 새로운 기획안을
보내거나 도요타 대표의 제안에 응하는 저자도 나타났다. '현
대의 아나키스트'라고 할 수 있는 사카구치 교헤이도 그중 한
사람이다.

오스기 사카에를 비롯해 복간본이나 번역물을 중심으
로 냈지만, 저와 동시대 일본에서 사는 사람의 책을 내는
것도 재미있겠다는 생각이 들었어요. 전에는 살아 있는 저
자와는 일하지 않으려고 했거든요. 보통, 저자가 보낸 원고
가 기대에 못 미치면, 편집자가 '여긴 이렇게 바꾸는 편이
좋다'고 의견을 내서 좋은 방향으로 끌고 가잖아요. 저는
그걸 못 해요. 그런 걸 서로 논의할 여유는 없을 것 같아요.
이쪽이 끄집어내야만 나오는 것은 필요 없다고 생각하거든
요. 사카구치 씨의 경우는 자기 내부에서 나올 수 있는 것

은 확실히 내보내기 때문에 힘든 과정을 겪지 않았어요.

　도요샤는 쓰는 이의 '개인으로서의 태도'를 가장 존중하고 싶습니다. 글 이전에 먼저 그 인물의 행동이 있으니까요. 사카구치 씨는 지금이야 작가라는 인상이 강하지만, 그가 정말로 행동할 때는 발로 뛰어다니기 때문에 글을 쓰지 않아요. 그런 의미에서 저는 사카구치 씨를 작가로 보지 않습니다. 사람은 각자 자기 하고 싶은 대로 하고, 출판사도 그걸 좋다고 할 때, 책을 내면 됩니다. 개인 활동의 부산물로서 책이 나오면 좋겠어요.

　다만, 사카구치 씨 주변에는 저 말고도 편집자가 많고, 사카구치 씨와 공동 작업하는 편집자도 있어요. 그런 부분에서는 제 힘이 부족하다고 느끼기도 해요. 다른 사람과 공

동 작업하는 기쁨이 있기 때문에 저자도 공동 작업할 수 있는 편집자 쪽을 좋아할 거예요. 분명히 자신조차 몰랐던 것을 발견하는 경우도 있을 테고요. 저와 책 작업을 할 때는 그런 기쁨이 없을지도 몰라요.

도요샤에서는 사카구치 교헤이의 저서와 함께 CD도 두 장 냈다. 도요타 대표는 사카구치 씨의 가장 큰 매력을 "노래를 부를 수 있는 능력"이라고 꼽았다.

아마 사카구치 씨에게 노래가 없었다면 함께 뭔가 해보고 싶다는 말을 안 꺼냈을 거예요. 물론 사카구치 씨가 주장하는 '0엔 생활'의 발상에는 처음엔 공감했지만, 쓰고 몽상만 하는 것이라면 다른 사람도 할 수 있다고 봤어요. 사카구치 씨는 자기가 쓴 글을 노래로 불러서 사람들에게 전할 수 있습니다. 그다음엔 행동으로 이어지죠. 거기에 압도적인 매력이 있습니다.

도요샤에서 낸 첫 앨범 『Practice for a Revolution』에는 "사카구치 총리●가 '살아남기 위한 노래'를 부른다"는 부제가 붙어 있습니다. 쇼맨십이 아니라 새가 울듯이 자연스럽게 부르는 거죠.

도요샤를 시작한 덕에 사람과 만날 기회도 많아졌고,

● 사카구치 교헤이는 자신을 총리라고 칭한다. 자신이 구마모토에 장난스럽게 세운 신정부의 총리이다.

「사카구치 교헤이의 모험」
사카구치 교헤이 지음

"『일본 탈출기』에서 오스기 사카에가 딸에게 보내는 시 「마녀여, 마녀여」를 사카구치 씨가 곡으로 만들어 줘서 책을 사는 분들이 늘었습니다. 살아 있는 기쁨을 느끼게 하는 명연주입니다." ─도요타

사카구치 교헤이 CD
「Practice for a Revolution」

「일본 탈출기」 오스기 사카에 지음

사카구치 교헤이 CD
「새로운 꽃」
CD 재킷 사진은 모험가 이시카와 나오키의 작품.
"이 앨범 재킷의 앞뒷면에 실린 사진에서 사카구치 씨는 드러누워 있습니다. 듣는 분도 드러누워서 들으셨으면 좋겠어요." ─도요타

제 이름을 기억해 주는 분들도 생겼습니다. 그런 의미에서 출판 일은 저답게 '살아남기 위한' 활동이라고 할 수 있어요. 다만 저자의 경우는 표현 충동이 강해서 '살아남기 위한'을 넣은 거죠. 출판사까지 '살아남기 위해' 책을 낸다는 인상을 독자에겐 안 주는 편이 좋을 것 같아요. 지금 도요샤는 '살아남기 위해' 책을 내고 있지만, 혼자서 힘껏, 많이 먹지도 사지도 않고 검소하게 지내니 이 가격으로 이런 기획도 할 수 있습니다. 그런 자세가 바람직하지 않나 싶어요.

그리고 해야 할 일이 책을 내는 일뿐일까 하는 생각도 듭니다. 학생 시절, 반면교사 같은 동급생이 있었어요. 모르는 문제를 선생님이 내면 "죄송합니다. 책을 더 읽고 올게요"라고 했어요. 책이 뭐든지 해결해 주리라고 생각하면 오산이에요. 그 자리에서 해결하려고 노력하지 않게 됩니다. 지금 저도 그런 면이 있을지 모르겠어요……. 스스로 생각해서 행동하기보다 책을 읽는 게 편하니까요. 저자와 편집자가 깊이 생각해서 만든 게 책이니까 자기 머리를 그대로 맡기면 되지요. 물론 다른 미디어에 비해 책은 서점에 가서 찾아봐야 하는 능동적인 부분이 남아 있습니다. 자신과 남에게 더 소중한 무언가를 발견해서 필요 없는 일을 그만두고, 그 시간을 다른 데 쓸 수 있다면 그게 가장 좋은 일이라고 생각합니다. 저는 아직 그 경지까지 가진 못했어요.

더 유쾌하게 일하려면?

"고교 시절, 벽에 붙은 전국 모의시험 순위표를 보는 게 의외로 재미있었다"는 도요타 대표. 숫자를 보는 걸 원래 좋아했다고 한다. "내가 있는 위치가 궁금하다"고도 했다. "남자라서 그럴지도 모르지만"이라는 전제를 달았지만, 창업 5년째는 그런 시기일지도 모른다. 도요샤는 지금 첫 과도기를 맞고 있다.

출판사 순위를 매기는 방법은 지금 두 가지가 있습니다. 하나는 제국데이터뱅크(일본의 조사기관)가 집계한 매출 순위. 일본 전국에 3,500여 개의 출판사가 있는데 도요샤는 밑에서 세는 편이 빠를 거예요(웃음). 다른 하나는 트위터의 팔로잉 수. 옛날부터 잡지에서 인기 출판사 순위는 있었지만, 요즘엔 트위터 팔로잉 수로 출판사 순위를 매기는 게 적절하지 않을까요. 저는 별로 노력하지 않지만요.

트위터에서 누가 도요샤 책에 관해 쓴 걸 보면 기쁘지만, 가상 세계처럼 현실감이 없더군요. 그보다는 눈앞에 있는 사람이 "그 책 읽었는데 좋았다"고 말하는 편이 훨씬 기뻐요.

예전에 친한 출판사 편집장이 출간 이벤트 중에 스마트폰을 조작하길래 나중에 물어보니 이벤트하는 동안 트윗을 50개나 올렸다는 거예요. "이 정도는 해야 한다"고 하더군요. 트위터는 피드백도 받을 수 있고, 홍보하기 좋은 도구인데요. 저도 쓰고는 있지만, 가능하면 안 하고 싶어요.

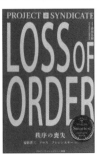

눈앞에 무슨 일이 있거나 이야기 상대가 있을 때는 그런 걸 할 여유가 없거든요. 그러나 잘나가는 비즈니스맨들은 다 그렇게 한다고 하더군요. 댓글 달리면 바로 답한대요. 전 싫더라고요.

우리에겐 '책'이라는 전달력이 강한 미디어가 있으니까 트위터가 꼭 필요하다고 보진 않아요. 심야 NHK 뉴스에서 화면 옆에 시시각각 올라오는 트위터 글을 계속 보여주던데, 그건 심해요(웃음). TV가 자기 부정 하는 것 같아요. 하지만 그건 큰 회사이니까 반성할 일이지 작은 회사의 경우는 뭐든 이용하는 게 좋겠죠.

소셜미디어 이용자가 점점 늘고 있지만, 많은 이가 대량으로 댓글을 달면 다 볼 수가 없잖아요. 언젠가는 아무도 안 보지 않을까요. 어서 그렇게 되었으면 좋겠어요.

시대와 주변의 변화에 눈길을 주면서도 쉽게 추종은 하지 않는다. 1인 출판사에는 중요한 균형 감각일지도 모른다. 도요타 대표에게 앞으로도 혼자서 일할 것인지 물었다.

아무래도 혼자서 일하면 계속 작은 회사로 머물게 됩니다. 전에 우리 출판사에 왔던 기획이 다른 출판사에서 30만 부가 넘는 히트작이 되었다고 해요. 그 주제에 제가 관심이 없어서 낼 수 없다고 거절한 원고였는데, 만일 혼자가 아니라 다른 직원이 있었다면 '누구, 해 보고 싶은 사람?' 하고 물어봐서 검토했을지도 몰라요. 그런 면에선 폭이 좁

다는 걸 느낍니다.

　도요샤라는 사명을 걸어 두고 직원이 1명이라는 점도 좀 이상하죠. 회사인데 1명. 제 성을 따서 도요타샤豊田社라고 하는 편이 더 솔직해 보일 수도 있는데, 밖에는 직원이 몇 명 있어서 아이디어가 많은 곳처럼 보이고 싶어요(웃음). 그리고 도요타샤로 하면 저와 다른 성을 쓰는 직원이 들어왔을 때 불쌍하잖아요.

　혼자 하면 일하는 기쁨이 작습니다. 다른 이와 함께 점심 먹는 것도 일주일에 한 번 있을까 말까예요. 지금은 월급 줄 형편이 아니라서 현실적으로 힘들지만, 언젠가 조건이 되면 다른 이와 함께 일할 생각도 있습니다. 그러면 지금보다 더 '유쾌'하게 일할 수 있지 않을까요.

●도요샤 www.doyosha.com

뭔가에 편승해

사는 「행복」과

조금 떨어진 곳에

자리 잡는다

사토야마샤里山社

기요타 마이코

2012년 가을, '잊고 있던 원풍경原風景 같은, 스탠다드하게 읽히는 책'이란 슬로건으로 30대 여성 편집자가 차린 1인 출판사가 탄생했다. 기요타 마이코 대표는 대학 졸업 후, 출판사에 들어가고 싶어서 구직 활동을 했고, 기반이 흔들리는 업계의 소용돌이 속에서 다섯 곳의 편집 프로덕션과 출판사를 거쳤다. 실무 경험을 쌓으며 일에서 보람을 얻다가도 틈날 때마다 초조함이 덮쳐 왔다. 기요타 대표는 일에 쫓기며 하루하루 보내는 것으로 앞날에 대한 막연한 불안을 잊었다. 그러다 동일본대지진을 계기로 과거의 자신을 돌아보고 현재의 자신을 교차시켜서 책 만들기에 도전했다. 그 에너지는 어디에서 왔을까. 지인에게 빌렸다는 니시신주쿠의 사무실에서 신간 프로모션을 준비 중인 기요타 대표를 만났다.

고집을 부리지 않아야 좋은 편집자?

대학생 때는 책을 만드는 일에서 제 생각이 중요하다고 생각했는데요. 처음부터 그것을 너무 고집하면 아무것도 못 합니다. 결국, 제 생각대로 할 수 없다는 현실을 사회에 나와서 깨닫고 일단 제 마음을 추슬렀습니다. 모든 일에 자기 생각이나 주장은 필요 없고, 넓고 객관적으로 볼 수 있는 편집자가 좋은 편집자라고 생각했죠.

기요타 대표가 대학을 졸업한 2000년은 일본에서 취업 빙하기라고 알려진 시기였다. 출판업계도 1990년대 중반부터 매출이 줄었고 실적 회복을 위해 신간 종수를 늘리는 자전거 조업●으로 악순환에 빠졌다. 비슷한 시기에 편집자 기요타의 밑바닥 생활도 시작되었다. 자신이 쌓은 경험과 새로 쌓고 싶은 경험, 필요한 수요까지 고려하면서 다음 단계로 나아갈 생각이었다. 도산과 경영 축소, 잡지 휴간이 속출하는 가운데, 기요타 대표가 거쳤던 회사들도 예외가 아니었다. 가혹한 환경에서도 조금씩 일의 폭을 넓히고 직업적 성취감을 맛보았지만, 자신이 정말로 좋아하는 일, 하고 싶은 일에 관해 생각하는 것은 계속 뒤로 미뤘다.

● 자전거 페달을 밟듯 신간을 빠르게 펴내서 매출을 유지하는 방식.

현시대 상황과 비춰 봐서 저자의 어떤 부분을 어떻게 밖으로 내보내면 가장 빛날지를 궁리합니다. 그건 책을 만드는 데 정말 중요한 일이라고 생각해요. 편집자인 자기 자신 안에서 없앤 부분과 없애지 않은 부분을 어떻게 이어갈지가 어려운 부분이에요.

그래서 출판사 직원 시절의 업무에선 편집자의 사고를 객관화하는 작업을 계속해 왔던 거죠. 영화 시놉시스 작성 같은 작은 일부터 책 한 권을 만드는 큰 일까지 '천 번 노크'•처럼 해 왔습니다. '정말로 하고 싶은 일이 뭘까' 하고 진지하게 생각하니 침울해졌어요. 그래서 '오늘도 마감이 닥쳤으니 일단 일하고 보자'며 매번 넘어갔죠. 자기 생각을 고집하지 말고 뭐든지 다 할 수 있는 편집자가 되라는 말을 들었는데, 거기에 따르는 편이 속 편하기도 했죠.

원점을 불러서 깨운 『하마유리 시절에』

다섯 번째 회사에 들어간 지 3년, 책 편집 일에 몸담은 지 11년째 되는 봄이었다. 앞으로 이 일을 어떻게 할지 희망이 보이지 않았다. 그리고 동일본대지진이 덮쳤다. 세상의 움직임이

멈췄다고 느낀 그 순간, 정지되었던 기요타 대표의 사고가 움직이기 시작했다. 더는 자신과 마주하는 일을 늦출 수 없었다. 생활의 불안감은 있었지만, 1년 뒤 회사를 그만두고 프리랜서로 전향하기로 했다. 그때부터는 자신이 진심으로 흥미가 있는 일과 사람에게 손발을 뻗었다.

사토야마샤의 첫 작품은 지진 피해 지역 사람들의 모습을 담은 사진집 『하마유리 시절에』였다. 사진가 다시로 가즈토모와 만난 것은 기요타 대표가 새로운 일을 시작한 지 6개월이 지난 가을이었다. 이듬해 봄, 사가판私家版●으로 나온 사진집을 본 기요타 대표는 다큐멘터리 영화 감독 사토 마코토의 작품을 봤을 때의 감동을 다시 느꼈다.

● 판매를 목적으로 하지 않고 개인적으로 발행한 책.

기요타 대표는 대학 졸업논문으로 사토 마코토의 영화에 관해 썼다. 강한 영상과 스토리로 현실을 연출해서 알리는 것이 아니라, 세세한 묘사의 연속으로 보는 사람의 공감을 이끌어 낸다. 가슴에 깊이 새겨지는 우회적인 전달 방식의 심오함을 느꼈다. 간단하게 보여 줄 수 없는 작품을 세상에 알리는 전달자가 바로 자신이 할 수 있는 역할이 아닐까. 그런 생각이 출판사를 차린 동기였다. 다시로 가즈토모의 작품은 기요타 대표의 원점을 불러냈다.

『하마유리 시절에』는 회전이 빠른 도심지에서 사고가 정지된 사람들에게 생각할 자극을 주고 싶은 마음으로 출간했습니다. 저 자신도 일깨우면서요. 사토야마샤에서 만드는 책은 기본적으로 자신이 놓인 현 상황과 실감이 겹쳤을 때 출판의 동기가 생깁니다. 다시로 씨처럼 한 주제에 집중하는 사진가와 차분히 마주한 적은 처음이었고, 그 절실함을 뼈저리게 느꼈습니다. 대지진의 비참함도 어떤 상황만 따로 빼서 근사한 말로 단정해 버리면, 그걸로 다 안 것 같은 경우가 있어요. 그런 것 말고 실제로 보면 나는 어떻게 생각할지 정확히 알고 전달하고 싶었어요. 다시로 가즈토모의 책이나 두 번째로 낸 이다 마키코의 책 모두, 전달하는 쪽이 절실하게 생각해서 만들었기 때문에 보는 사람도 저자의 입장이 되어 이해할 수 있습니다.

왼기에 편승해 사는 '행복'과 조금 떨어진 곳에 자리 잡는다

「하마유리 시절에 ― 산리쿠,
후쿠시마 2011-2013」
다시로 가즈토모 지음.
2011년부터 2년에 걸쳐 지진
피해 지역의 주민 1,200여 명과
만나면서 찍은, 453점의 초상
사진이 수록되어 있다.

원래 기요타 대표는 『하마유리 시절에』의 기획을 프리랜서 편집자로서 다른 출판사에 가져갈 생각이었다. 500쪽 가까이 되는 올컬러, 작가의 첫 사진집이라는 높은 허들. 출판해 줄 곳을 찾았더라도 서점에 진열되고 3개월 이내에 만족할 만한 결과가 나오지 않으면 반품으로 재고가 쌓이다가 폐지 처리될 것이 뻔했다. 외부 편집자 처지에서 영업하러 다닐 수도 없었다. 출판사 직원으로 있을 때와는 달라졌다. 첫 작품을 맡는 일에는 한 사람의 작가가 세상에 나올 수 있을지 없을지 여부가 걸려 있다.

결국 원하는 형태로 만들려면 자신이 출판사를 차릴 수밖에 없음을 일찍 깨달았지만, 각오를 다지기까지 주저했다. 사진집 띠지에 적힌 '방황하고 생각하고 도전한, 무모하고도 위대한 일기일회의 기록'은 기요타 대표 자신의 행동과도 일치한다.

대형 출판사는 주제가 대중적이지 않다든가 속편이나 대담집, 복수 저자의 책은 안 팔린다는 속설을 내세워 기획을 받아들이지 않지만, 그런 데이터에 따라 출간한다고 해서 다 잘 팔리는 것도 아니에요. 일부 계층밖에 안 보는 책도 그 일부에서 화제가 되면 "저기서 지진이 났다!" 하고 주변 계층에도 알려져서 확산되기도 합니다. 단, 그 경우는 세밀하게 영업해야 하는데요. 아무래도 책을 많이 내는 대형 출판사는 아무리 세밀하게 마케팅하고 싶어도 영업부에서 그 책 한 권만 파는 게 아니니까 강하게 요구할 수가 없어요. 그렇다면 혼자서 하는 편이 훨씬 빠르죠. 1인 출판사가 만든 책이 마니아 쪽으로 가기 쉬운 까닭은 영업까지 혼자서 세밀하게 할 수 있다는 장점이 있어서라고 봅니다.

대중적이지 않은 책을 어떻게 사람들에게 널리 알리고 팔아야 할까. 그 과제는 다큐멘터리 영화의 세계를 접했을 때부터 고민했다. 『하마유리 시절에』의 프로모션에서는 할 수 있는 모든 일을 다 했다.

영화, 사진, 논픽션 모두 마니아 쪽으로 가면 갈수록 그 장르 안에 갇히기 쉽다고 봅니다. 게다가 좋은 작품을 만들어도 잘 팔린다는 보장이 없습니다. 다시로 씨에게도 사진전과 토크 이벤트를 요청하거나 방향이 비슷한 다큐멘터리 영화 사이트에 책 소개를 부탁했습니다. 장르의 틀을 넘어 널리 읽힐 수 있도록 이것저것 해 보고 시행착오도 했습니다만, 지금도 해답을 찾지 못했습니다.

서점 배본은 쓰바메 출판유통에 의뢰했다. 소규모의 유통을 경험한 가와히토 야스유키 씨가 독립해서 2012년에 창업한 '1인 출판유통도매업체'이다.

당시 창업한 지 얼마 안 된 회사라 저도 1인 회사이면서 솔직히 괜찮을지 우려했는데요. 대형 유통업체와 달리 누가 실무자인지 모를 걱정이 없어서 의뢰하기로 했습니다. 사토야마샤 이외에도 작은 출판사들과 계약을 늘려 가

고 있다고 해요. 1인 출판사로서 책을 만들면서 얼마나 효율적으로 서점에 가서 세심하게 영업할 수 있느냐를 생각했을 때, 가장 중요한 파트너가 도서유통회사예요. 가와히토 대표님은 아주 정중하고 말을 경솔하게 하지 않아서 믿을 수 있습니다. 숫자를 보고 현실적으로 작은 출판사를 도와주는 회사라고 생각해요.

이다 마키코의 책 — '자신'과 마주하게 하는 힘

기요타 대표가 사토야마샤의 두 번째 작품으로 선택한 책은 『이다 마키코 저작선집』이다. 논픽션 작가 이다 마키코의 존재를 안 것은 2002년에 나온 미완의 유고작 『이리하여 밴드는 소리를 그치지 않았다』를 통해서였다. 이다 마키코가 마흔네 살의 나이로 타계한 지 1년째 되던 때였다. 취재대상에 몸을 던져 '살을 깎아 내듯 쓴' 책의 내용에 충격을 받았다. 오야 소이치 논픽션상을 받은 『프로레슬링 소녀전설』을 비롯해 모든 작품에서 보편적인 매력을 느꼈지만, 그 책들은 모두 품절이었고 재판도 예정에 없었다. 사실상 절판 상태였다.

이다 마키코가 사망한 지 14년이 지났는데요. 수록작 중에는 20여 년 전에 나온 것도 있어서 왜 지금 복간하는지 주변에서 자주 물어보더군요. 그건 단지 제가 쭉 염두에 둔 책이었고 이보다 나은 것이 없다는 이유뿐이에요. 예를 들어 『동성애자들』이 나왔을 당시에는 에이즈가 불치의 병이었지만, 지금은 약으로 발병을 억제할 수 있잖아요. 시대 상황은 변했지만, 지금 처음 읽는 독자들로부터 "이렇게 대단한 작가가 있었구나, 전혀 낡아 보이지 않는다"라는 말을 들었어요. 모든 상황에서 모든 문제에 대응할 수 있는 책은 유행을 타지 않습니다. 그래서 명작으로 남는 책이 있죠. 내용이 요즘 시대에 맞을지 생각하는 건 당연하지만, 더 나아가 어떤 시대에도 통하는, 보편적인 책을 남기려고 해요.

『이리하여 밴드는 소리를 그치지 않았다』는 기요타 대표가 '이렇게 대단한 책을 낼 수 있다면 나도 제 몫을 다하는 사람이다'라고 전부터 생각한 작품이다. 정성을 담은 복간을 앞두고 이다 마키코의 부모와도 마음을 나누었다.

편지를 몇 번 주고받고 처음 뵈러 갔을 때는 긴장해서 벌벌 떨었어요. 부모님은 90대 아버님과 80대 어머님 부부였습니다. 마키코 씨와는 안면이 없지만, 전부터 쭉 책을 복간하고 싶었다고 말씀드리자 병원에 누워 계셨던 아버님이 "그애는 자랑스러운 우리 딸이에요. 오래 사니 좋은 일도 있네" 하고 눈물을 흘리셨어요. 어머님은 "아가씨 혼자서 출판사를 한다며? 우리 딸 책은 그렇게 잘 팔리지 않는데 괜찮겠어? 출판사에 손해가 나면 안 되잖아. 열심히 해서 냈는데 그럼 안 되지" 하고 발행자인 저를 걱정해 주셨습니다. 그런데 책이 완성되기 일주일 전에 아버님이 돌아가셔서 책을 보여 드리지 못했어요. 애석해하는 저에게 어머님은 "이 양반은 책이 나오는 걸 알고 정말 만족하며 죽었으니까 마음 쓰지 마"라고 말씀해 주셨습니다. 그 뒤, 신문 등에 기사가 나올 때마다 편지를 보내 드렸어요. 한 권 한 권 책을 낼 때마다 관련된 분들과 친해지고 따스함을 느낄 수 있어서 기쁩니다. 그만큼 상대에 대한 책임도 무거워지긴 하지만요.

『이다 마키코 저작선집』의 출간으로 기요타 대표도 신문과 잡지에서 취재받을 기회가 늘었다. 제1집이 3쇄까지 간 덕에 드디어 제2집을 출간하기에 이르렀다.

'혼자서 출판사를 차렸다. 그것도 여자가' 하고 흥미를 끈 모양인지 사토야마샤가 화제가 되면서 책도 소개되었어요. 저자가 아닌 저에게 취재 요청이 온 까닭은 저자가 이미 작고했다는 점이 크다고 봅니다. 1인 출판사 자체는 예전부터 있었고 주목을 받는 건 요즘 잠깐이에요. 20-30년 지나면 사토야마샤가 혼자서 했든 말든 별로 관심이 없지 않을까 합니다. 출판사는 원래 책 뒤에 있는 존재이니 제가 앞에 나서더라도 저자와 책이 돋보이게 해야 한다고 생각해요.

광고비가 충분하지 않은 1인 출판사에 트위터를 비롯한 SNS의 존재는 크다. 인터넷 환경의 변화는 소형 출판사들의 대응에도 변화를 가져왔다.

『이다 마키코 저작선집』
『이다 마키코 저작선집 제2집』
제1집의 출간 당시부터 두 번째 책을 생각했지만, 사후 10년이 넘은 논픽션 작가의 작품집을 내는 것은 무모한 시도라서 제2집을 낼 수 있을지 미지수였다고 한다. 기요타 대표의 걱정과 달리 제1집이 큰 반향을 일으켜 무사히 제2집을 낼 수 있었다.

유명인도 포함해서 책을 좋아하는 분들이 이다 마키코의 책을 알아보고 재빨리 트위터에 올려 주셔서 화제가 되었어요. 그 뒤 잡지에도 서평이 크게 실렸습니다. 역시 일반 독자들의 반응을 직접 확인할 수 있다는 점이 무척 기쁩니다. 가장 많은 게 메일이었고, 페이스북과 트위터뿐 아니라 편지도 있었습니다. 트위터는 개인의 짧은 글이 기본이고 미디어 사이즈가 작아서 1인 출판사와 궁합이 잘 맞는 것 같아요. 하지만 공지사항 같은 것만 올리면 아무도 안 보니까 쉽지는 않아요.

시대의 리얼리티에 개인을 포개다

두 권에 걸쳐 내용을 충실히 담은 저작선집의 출간으로 기요타 대표는 이다 마키코에 관해선 할 수 있는 일을 다 해서 마음이 개운하다고 한다. 다음 라인업에 관해서 물으니 강한 의지가 담긴 기존 책의 인상과는 달리 현재 "붕 떠 있다"고 한다.

지금은 1년에 2-4권 꾸준히 출판할 자신이 없어요. 제 돈을 들여서, 더구나 적은 부수로 일반인에게 팔기 힘든 책을 내려면 저도 신중히 생각해서 움직여야 합니다. 제작 기간이 길기 때문에 완성까지 에너지를 유지할 수 있는 주제인지도 중요해요. 물론 잘 팔릴 책을 사토야마샤 시각에서 생각해서 많이 찍어 많이 파는 것이 최고이지만요.

'붕 떠 있는' 이유는 어떤 장르를 따라가며 실적을 쌓는 식의 비전이 사토야마샤에 확실히 없기 때문입니다. 일단 다음 책을 내는 것만이 목표이고 늘 움직이면서 생각하기 때문에 앞일을 알 수도 없어요. 제 스스로를 뜻대로 다스리고 싶은 마음이 강한데도 계획성이 없거든요. 편집자는 하나를 들으면 열을 아는 능력이 필요하다는데, 저는 별로 그렇지 못해요. 1인 출판사 하는 분들은 다들 한 장르에 관해 전문가이지만, 전 지식이 부족해서 자신이 없어요. 논픽션도 이다 마키코 책 이외에는 전혀 읽지 않았답니다. 하지만 뒤집어 생각하면, 그렇기에 장르를 뛰어넘는 책을 만들 수 있는 게 아닐까요. 라인업도 너무 무리해서 짜면 거기에 묶여서 움직일 수 없게 됩니다. 너무 명확하게 하지

않겠다는 뜻에서 출판사명도 '사토야마샤'里山社처럼 폭이 넓은 이름이 좋다고 생각했어요.

사토야마샤의 방식은 기요타 대표가 감동한 다큐멘터리 영화의 방식과 비슷한 느낌이다. 앞일이 적힌 '대본'을 일부러 만들지 않고, 현재 진행형의 자신과 마주한 현실에 충실하려는 듯이 보인다.

출판사명으로 쓴 '사토야마'里山●는 기요타 대표에게 어떤 곳일지 생각해 봤다. 웹매거진 '코'航에서 연재 중인 「책을 내기까지」에서 기요타 대표는 자신이 하고 싶은 일에 파고들 용기를 낼 수 없었고, '평범한 여성의 행복한 인생'으로부터 점점 멀어지는 것이 아닌가 하는 공포도 느꼈다고 밝혔다. 초등학교 2학년 봄, 기요타의 가족은 요코하마 교외로 이사 갔다. 1980년대 거품 경제 시기의 신흥 주택지는 '깨끗하고 빛이 넘치는' 당시 가정의 '행복한 모습'을 구현한 곳이었다. 기요타 대표가 어린 시절을 보낸 사토야마는 자택에서 그리 멀지 않았고 새로이 들어선 집들 속에서 유일하게 원래 모습 그대로 남겨진 곳이었다고 한다.

도큐 덴엔토시센(도쿄 급행 전철)이 보이는 변두리에 있어요. 그곳을 걸으면 마음이 차분해져요. 옛날엔 신흥 주택지가 남들에게 동경의 대상이 되었던 적도 있다지만, 어릴 때

● 마을 가까이에 있어 그 지역 사람들의 생활과 밀접한 산이나 삼림.

행기에 적응해 사는 '행복'과 조금 떨어진 곳에 자리 잡는다

부터 쭉 그곳에 살던 저는 동경 같은 건 없어요. 오히려 넘치는 부분이 있어요. 예를 들어 자신에게 인생의 목적이 하나는 꼭 있어야 한다고 어릴 때부터 강박 관념 같은 게 있었어요. 결혼도 회사도 자신이 아닌 남이 정하는 대로 순응하는 인생은 무섭다고 생각했어요. 순응하지 않으면 그건 그것대로 힘들다는 것을 나중에 알았지만요. 물론 전업주부라도 생활하면서 즐거움을 찾는 사람도 있는가 하면 직장인이라도 일에만 의존해서 사는 사람도 있는 등 제각각이에요. 인생이 그렇게 단순하지 않다는 걸 어른이 되어서야 깨달았어요.

지금은 저처럼 신흥 주택지에서 자란 이들이 성인이 되었어요. 늘 그랬듯이 우리도 세대 차이를 겪고 있어요. 부모 세대가 이래야 한다고 생각하는 '행복의 형태'가 우리 세대에도 맞는다고는 할 수 없어요. 지금 제가 안고 있는 문제는 제 개인만이 아니라 개인과 사회의 여러 상황이 쌓이고 쌓여서 일어나는 부분도 있습니다. 그 사람이 놓인 시대에 개인이 사는 방식도 크게 영향을 미친다는 관점을 가지면, 모든 일이 더 넓게 보이고 앞으로 겪을 인생의 선택에서 길이 보이지 않을까 합니다. 저는 시대의 문제 하나하나를 인식하는 일이 중요하다고 보고, 문학과 문예를 통해서 그런 문제들을 인식할 수 있는 책을 만들고 싶어요.

현재 기요타 대표는 자사의 책 작업과 함께 프리랜서 편집자로서 타사의 일을 병행하며 생계를 유지하고 있다. 창업 당시,

대형 출판사 직원으로부터 "아름다운 이상만으로는 오래가지 못해"라는 말을 들었다. 이상론만 펴서는 안 된다는 것도 지금은 알겠다고 한다.

대학생 시절, 언젠가 책을 통해 사토 마코토 감독과 함께 일하고 싶다는 '우회적인 생각'으로 편집자가 되기로 했다. 출판사 편집자 시절, 데스크로부터 사토 마코토 감독의 부고를 듣고 '늦었다'는 생각에 가슴이 저렸다. 기요타 대표는 지금 자신의 원점인 사토 마코토의 책 작업에 착수했다.

영혼의 목소리를 담은, 찬란하게 빛나는 책을 꿈꾸며

머나토노히토港の人
―우에노 유지―

1997년 가나가와 현 가마쿠라 시에서 창업하여 곧 20주년을 맞이하는 소형 출판사 미나토노히토港の人는 시와 학술서를 중심으로 존재감이 독특한 책을 만드는 곳으로 알려져 있다. 작지만 확실한 걸음으로 쌓아 온 실적 뒤에는 최근 10여 년간, 시대와 호흡해 온 작은 출판사 특유의 신비한 분위기가 있다. 그 비결은 출판사답지 않은 회사명의 유래에 있는 것 같다. 일단 우에노 유지 대표와 만나기 위해 가마쿠라 역에서 내렸다. 혼잡한 거리를 빠져나가 주변이 조용해질 즈음, 사무실이 보였다.

두 젊은이와 함께

매일 아침, 자전거를 타고 바다를 보면서 사무실에 출근합니다. 막차 시간 신경 쓰지 않고 일할 수 있어서 좋아요. 가마쿠라에는 벌써 20년 넘게 살고 있습니다. 그 전에는 편도만 2시간 걸려서 도쿄에 있는 출판사로 출퇴근했기 때문에 새 사무실은 효율을 생각해서 집 근처로 잡았어요. 월세가 싸다는 이유도 있었지만, 도쿄가 아니면 불리하다는 생각도 없었습니다. 어쩌다 보니 가마쿠라로 왔지만, 기분 좋게 일에 몰두할 수 있는 환경이 저에겐 중요했어요. 바닷바람을 쐴 수 있고, 바로 근처에 산도 있어서 시간이 느리게 흘러요. 또한, 가마쿠라는 가와바타 야스나리, 다카미 준, 사토미 톤 등 '가마쿠라 문사文士●'라고 일컫는 작가들이 살았던 곳이라서 옛날부터 문학과 예술에 친숙한 마을이에요. 그런 문학의 기운을 늘 느낄 수 있는 것도 장점이죠. 도쿄에도 한 시간이면 갈 수 있어서 책 만드는 환경으로선 제 마음에 쏙 듭니다.

전직은 학술출판사 편집자였다. 일한 지 10년 정도 지났을 즈음, 영업부에 있던 두 후배로부터 함께 출판사를 차려서 독립하자는 권유를 받았다. 그때까진 생각도 못 한 일이었지만, 젊은 후배들의 용기에 이끌려 마음이 움직였다. 그리하여 미나토노히토는 가마쿠라 주택가의 오래된 아파트 방 한 칸에서 시작되었다. 좁은 일터에서 남자 셋이 얼굴을 맞대고 '우리가 뭘 할 수 있을까'를 뜨겁게 이야기하며 고전하는 나날이었다.

제가 마흔 살 때, 후배들은 스물다섯, 스물여섯 살이던가. 새로운 일을 시작한다면 체력과 기력이 있는 지금이 마지막 기회라고 생각하고, '자! 함께 하자'고 의기투합했죠. 무모한 일을 한다는 자각은 당시에도 있었지만, 역시 앞뒤 생각이 없었어요(웃음). 영업자 둘 중 한 명은 사무실에서 살았고, 다른 한 명도 월요일부터 금요일까지 머물며 교통비 등 경비를 절약했어요. 세 평짜리 방에 책상을 세 개 두고, 점심은 밥을 지어서 밥상에 셋이 둘러앉아 먹었어요. 말 그대로 한솥밥을 먹은 동료들이죠.

학술서는 일반서와 달리 대상 독자가 연구기관, 연구자로 한정됩니다. 그래서 발행 부수도 한정됩니다만, 그 학제學際 분야의 기본 문헌이 되는 책과 연구 동향의 수요에 맞는 학술서는 필요합니다. 대학도서관과 연구기관, 연구자에게 직접 영업하기 때문에 도서유통망을 거치지 않고 소비자에게 바로 팔 수 있습니다. 더구나 당시 도서유통망 계약은 지금보다 허들이 더 높아서 우리처럼 아무것도 없

는 무명 출판사는 유통망을 통해 서점에 배본되는 일반서
에 손댈 수 없었어요.

셋이서 먹고살려면 우선 학술서를 만들어서 팔아야 했
습니다. 당시 일미日美 가이드라인●이 발표되어서 옳고 그
름을 놓고 갑론을박이 벌어졌거든요. 그래서 일본의 유사
시를 대비해 일본방위협력 문제를 깊이 이해하기 위한 자
료집을 가까운 군사연구자와 기획했습니다. 자료를 수집해
서 편집자, 영업자 구분 없이 셋이 전 5권, 총 2,300쪽 분량
을 필름 인쇄용으로 진행해서 조금씩 만들었지만, 제작비
를 낼 자금이 수중에 없었어요. 자본금 300만 엔 이상으로
시작한 회사는 세 명분의 급여를 부담해야 했습니다. 그래
서 다른 출판사 일을 해 가며 버텼습니다. 고맙게도 아사히
신문사의 학술서 편집 제작 일을 받아서 7-8개월간 도쿄
쓰키지에 있는 본사에 다니며 학교보건 관련 학술서를 만
들었어요. 도쿄로 출퇴근하는 데 지쳐서 가마쿠라에서 출
판사를 시작한 건데, 다시 도쿄에 간 건 아이러니했죠. 하
지만 그 일로 번 돈을 제작비에 써서 일미 가이드라인 자료
집을 낼 수 있었습니다.

그 책 편집을 진행하면서 우리 출판사에서 학술서가
아닌 책으로서는 첫 작품을 냈습니다. 바로 요코미쓰 리이
치 연구로 알려진 일본근대문학연구가 호쇼 마사오의 에
세이집 『가와사키 조타로초抄』입니다. 출판사 다니던 때부

● 1997년 일본과 미국 간의 방위협력을 위한 지침.

터 호쇼 마사오 선생님이 절 지도
해 주시고 좋게 봐 주셔서 출판사
를 차리면 가장 먼저 책을 내겠다
고 북돋워 주셨어요. 출판사를 창
업했을 때, 자이모쿠자 해안에서
창립 기념 파티를 소박하게 열었
습니다. 호쇼 선생님에게 한 말씀
부탁했는데 '작아도 뜻을 품은 출
판사가 되라'는 응원의 메시지를

「가와사키 조타로초」
호쇼 마사오 지음

받았습니다. 그 말은 가슴에 새겨져서 미나토노히토의 정
신적 기반이 되었습니다. 호쇼 선생님의 후속작으로 『와다
요시에초抄』라는 수수하고 깊은 맛이 있는 책을 냈고, 다른
일도 함께하면서 많은 것을 배웠습니다.

학술서를 내면서 문예서와 시집도 내는, 현 미나토노히토의
스타일은 설립 당시부터 자연스럽게 완성되어 있었다. 그러나
3인 체제는 오래가지 않았다.

문예서와 시집을 내는 일은 저의 강력한 희망사항이
었습니다. 시를 열심히 읽기 시작한 것은 대학생 때였을 거
예요. 인생의 순간순간, 시와 문학의 언어에 위안받은 적이
있어서 저도 그런 책을 만들고 싶은 마음이 있었어요. 시집
과 문예서가 돈이 안 된다는 건 알았지만, 꼭 만들고 싶었
어요.

일미 가이드라인 자료집도, 이어서 낸 몇 권의 학술서도 그럭저럭 성과는 있었습니다. 하지만 그 추세를 유지하지 못하고 서서히 숨이 차올랐습니다. 7년 동안 셋이 함께 열심히 일했어요. 회사의 기반이 설 때까지는 꿈을 향한 도움닫기라고 생각하고 적은 급여로 버텼지만, 실적이 좀처럼 오르지 않았어요. 낮에는 외주편집 일을 하고 저녁부터는 우리 출판사 일을 하는 식으로 연명했지만, 결국 어떤 결단을 해야 하는 국면에 이르렀습니다. 그 시점에 셋이서 우리 인생을 다시 생각해 보자고 이야기를 나누었죠. 그 둘은 당시 서른을 막 넘긴 젊은 나이라서 다시 시작할 수 있었어요. 저는 여기 남아 책을 계속 만들고 두 사람은 새 인생을 시작하기로 했습니다.

작은 출판사는 예전부터 전례가 많고, 이와타쇼인●처럼 대단한 1인 출판사도 있으니까 시기상조였다고는 생각하지 않아요. 단지 힘이 부족했던 거지요. 하지만 망하기 전에 결단한 덕에 퇴사한 두 사람과는 지금도 가끔 만나서 즐겁게 한잔하곤 합니다. 고맙죠.

2004년부터 미나토노히토는 우에노 대표 혼자서 다시 시작했다. 일의 내용은 바뀔 수밖에 없었지만, 책 만들기에 큰 변화는 없었다. 그때까지 해 온 것처럼 꾸준히 "한 권씩 책을 만드는 수밖에 없었다"고 한다.

● 연간 50-60권의 학술서를 내는 1인 출판사.

전 학술서와 일반서 이중으로 내는 게 좋다고 생각해요. 학술서는 일본어학, 교육학, 아동문화 등의 연구서를 조금씩 꾸준히 냈습니다. 응원해 주신 연구가들 덕분이에요. 그분들의 지지가 없었다면 미나토노히토는 여기까지 올 수 없었습니다. 정말 감사합니다.

일반서는 2002년부터 선배 편집자 무라야마 쓰네오

씨가 운영하는 출판사 신주쿠쇼보에 판매를 부탁했습니다. 무라야마 씨는 제가 20대 때 편집 일에 많은 도움을 주신 분입니다. 미나토노히토를 차리고 나서는 출판사 운영 방법도 무라야마 씨에게서 많이 배웠어요. 일반 독자를 대상으로 한 단행본 기획도 조금씩 늘렸지만, 책이 서점에 들어가기가 무척 어려웠습니다. 그래서 도서유통망을 통해 서점에 진열되도록 무라야마 씨에게 부탁했죠.

제가 만든 시집과 문예서가 서점에 진열되고 독자의 손에 들어가는 걸 보니 무척 기뻤어요. 그중에는 작가 요시유키 준노스케의 부인이며, 이전까지 외부에 모습을 드러내지 않았던 후미에 씨가 처음 쓴 에세이집 『준노스케의 등』이 있었는데, 꽤 화제가 되었습니다. 그렇게 실적을 올린 김에 대형 도서유통회사에 계약하러 갔더니 전혀 상대를 해 주지 않더군요. 아주 분했어요. 그래서 한동안 유통회사에 가지 않았습니다. 그러나 출간 종수가 늘어나니까 정산도 번잡해지고 반품 관리에도 문제가 생겼어요. 계속 신주쿠쇼보에 의존하는 것도 미안하고, 슬슬 도서유통망을 이용해야겠다고 생각하던 차에 간다 진보초에 있는 도서유통회사 JRC를 소개받았습니다. 그 덕분에 2007년부터는 시집과 문예서도 미나토노히토 이름으로 전국 서점에 유통할 수 있었습니다.

시와 문학은 본질적으로 더 인간적인 부분, 생과 사에 얽힌 '혼의 표현'이라고 생각해요. 특히 시는 혼을 짧은 글로 응축해서 직접적으로 표현한다는 면에서 그 외의 문학

영혼의 목소리를 담은, 잔잔하게 빛나는 책들 꿈꾸며

과는 다른 위치에 있다고 봅니다. 시집, 가집歌集, 구집句集 등을 만드는 일은 혼의 목소리를 형태로 만드는 특별한 일이기에 더 소중히 하고 싶습니다.

흰 선의 바깥쪽을 걸은 시인
기타무라 다로에 대한 생각

출판사명 '미나토노히토'港の人는 일본 전후 시를 대표하는 '아레치'荒地파의 시인, 기타무라 다로의 시집 제목에서 따왔다. 생전에 친분을 쌓아 우에노 대표의 인생에 큰 영향을 준 인물이다. 작고한 지 25년이 지난 지금도 존경하는 마음은 더 깊어졌다고 한다. 창립 10주년 되는 해에는 단행본 미수록 시와 에세이를 모은 『빛이 비쳐 온다』를 출간했다.

시집 『항구의 사람』港の人은 요미우리문학상을 받은 기타무라 다로의 대표 저작 중 하나입니다. 그 제목을 출판사명으로 쓴 까닭은 어감이 좋았고 바다와 가까운 곳에 있는 출판사라는 단순한 이유에서였어요. 가끔 '미나토노히토샤' 港の人社라고 불리기도 하지만, 전 '미나토노히토'港の人가 좋아요. '회사'社라는 조직보다 '개인'人으로 있고 싶은 마음이 강해서 그럴지도 몰라요. 별난 회사 이름이라서 쉽게 기억된다는 단순한 이점이 개인적으로는 가장 큰 이유입니다. 회사를 만들 때는 이미 기타무라 씨가 돌아가셔서 본인에

『항구의 사람』
기타무라 다로 지음

게 허락을 못 받고 썼어요. 그분의 시집 제목을 회사명으로 쓴 것에 대한 책임감을 마음 한구석에 늘 갖고 있습니다.

기타무라 씨와 처음 만난 것은 제가 스물다섯 살 때였어요. 아사히신문사에서 일하던 기타무라 씨가 연애 사건에 휘말려 정년을 1년 남기고 회사를 그만둔 뒤, 집을 나와 요코하마에서 혼자 지내던 시기였죠. 기타무라 씨가 인생에서 파란을 겪는 때였습니다. 아울러 만년에 많은 시집을 내서 기타무라 씨가 시인으로서 가장 충실한 시기를 보내던 시기이기도 했죠.

아사히신문사에서 오랜 기간 교열 일을 하신 분이라 지식이나 교양이 보통 사람 이상이었습니다. 실제로 여러 가지를 가르쳐 주셨는데, 평소에는 그런 부분을 내색하지 않았어요. 거들먹거리는 태도가 전혀 없는 분이었죠. 청바지 차림에 주머니를 들고 다니며 "돈 없어"라는 말을 허세 없이 아무렇지 않게 하는, 소탈한 분이었어요. 옆에 있는 것만으로 마음이 채워져서 자연히 머리가 숙여졌어요. 저는 근처에 살았는데, 한가할 때 함께 요코하마 구장에 가서 야구를 보거나 섣달그믐날에는 뉴그랜드 호텔에서 커피를 마시며 새해를 맞이하자고 해서 같이 시간을 보내곤 했습니다.

어느 날, 기타무라 씨가 중한 병에 걸렸다는 걸 알았습니다. 그 당시에도 저는 근처에 살긴 했지만, 결혼해서 아기가 막 태어났을 무렵이었어요. 밝게 행동하는 기타무라 씨를 모두 걱정하길래 바로 옆 아파트 방이 비었으니 "같이 지내실래요?"라고 제안했죠. 기타무라 씨는 "그럼, 신세 좀 질게" 하고 이사 왔어요. 아침에 일어나면 2층 창문 너머로 "야호! 잘 지내?" 하고 인사도 하고, 함께 저녁도 먹으며 지냈습니다. 기타무라 씨보다 스무 살 이상 어렸지만, 근처에 제 또래의 친구도 있어서 같이 왁자지껄 놀았습니다. 우리 애를 달래 주기도 하고 전골 요리도 어울려서 먹었어요. 기타무라 씨가 가마쿠라로 옮기기 전까지 약 1년간이었지만, 저에겐 다시없는 소중한 나날이었습니다.

일본어를 긴 전통의 얽매임으로부터 풀어서 자유롭고 새로운 언어의 세계를 만든 '아레치'荒地파. 아유카와 노부오, 다무라 류이치 등이 급진적인 활약을 했다면, 기타무라 다로는 "'황지'의 의의를 계속 생각하면서 더 끈기 있게 시와 마주했던 시인이 아닐까"라고 우에노 대표는 말한다. 한 인간으로서 기타무라 다로에게서 얻은 것과 시인 기타무라 다로가 남긴 작품. 미나토노히토의 중심에는 그 두 가지가 있는 것 같다.

기타무라 씨의 시집 『노상의 그림자』에 「흰 선의 안쪽」이라는 시가 있어요. 역의 플랫폼에서 "위험하오니 승객들은 흰 선 안쪽으로……"라는 안내 방송이 있잖아요. '그런 안내는 불쾌하다, 괜한 참견이다, 흰 선 안쪽으로 갈까 보냐' 하는 내용이에요.

기타무라 씨의 삶은 마치 흰 선의 바깥쪽을 걷는 것 같았어요. 가족은 소중히 여겼지만, 가족과 함께 지내지 않는

삶을 택했어요. 흰 선의 바깥쪽으로 나가서 자신만의 시를 얻은 거죠. 그게 얼마나 가혹한 일인지, 얼마나 에너지가 필요한지를 생각하면 참 말도 안 되는 일이에요. 저는 도저히 따라 할 수 없지만, 그런 기타무라 씨의 자세를 늘 잊지 않으려고 합니다.

목표한 한 점을 잡을 수 있는 순간까지 버틴다

미나토노히토의 책은 아름다운 디자인이 특징이다. 취향을 저격하는 표지와 활판인쇄로 찍은 단정한 시집, 상품으로서 책의 가능성을 추구한 『버섯 문학명작선』, 『포자胞子 문학명작선』도 기억에 새롭다. 그리고 동일본대지진 이후, 띠지를 빼기로 했다.

책 디자인에 집착한다는 말을 자주 듣는데요. 좋은 디자인으로 회사를 상업적으로 알린다는 생각보다는 단지 제 취향에 충실히 따를 뿐이에요. 자본 형편상 실현하지 못하는 것도 많지만, 반대로 큰 출판사에서 하기 어려운 것을 하기도 해요. 위험 부담이 커도 저 혼자 받아들이면 그만이니까요.

활판 인쇄는 출판문화의 구석에 있는 일원으로서 이제까지 이어 온 인쇄 역사에 경의를 표하고, 최후의 등불을 꺼뜨리지 않기 위해 조금이나마 협력하고 싶은 마음에서

『버섯 문학명작선』
이자와 코타로 외 지음.
[초판 3,000부 한정 판매로
지금은 품절]
"이 중에서 야기 주키치의 시
페이지는 대단해요. 제목을
포함해서 5행의 시에 검은
페이지를 23쪽이나 썼거든요."
—우에노

『포자胞子 문학명작선』
타나카 미호 외 지음.
"왁스를 칠한 듯 미끈미끈한
감촉과 울퉁불퉁한 종이로
포자의 존재감과 이끼의
질감을 최대한 이용한 책이죠."
—우에노

선택한 겁니다. 제가 생각하는 '아름다움을 향한 집착'이란 목적이 좀 달라요. 더 공헌하지 못해서 아쉽습니다.

대부분의 책은 표지를 디자이너에게 의뢰하고 본문 조판은 저와 직원이 합니다. 본문 작업을 내부에서 하는 것은 애초에 경제적인 이유에서 선택했지만, 지금의 저에게는 빠뜨릴 수 없는 중요한 공정입니다. 본문 레이아웃이 정해질 때까지는 시행착오의 연속이에요. 그 작업을 통해서 지금 만드는 책의 본질을 잡거나 발견할 수 있는 것 같아요. 이 공정이 없으면 어떻게 책으로 만들지 잘 안 보입니다. 이건 제 생각이고 사람마다 다르겠지만, 학술서든 시집이든 문예서든 책의 핵심에 접근해서 그것을 어떻게 전개하고 독자에게 전할지가 가장 중요합니다. 저는 이걸 '책의 핵심을 끝까지 잡아낸다'고 합니다.

띠지를 뺀 것은 동일본대지진 이후부터였는데요. 그때까지 당연하게 생각한 것도 사실은 그렇지 않았구나 하고 통감하는 계기가 되었습니다. 당연한 것을 의심하는 마음을 잊기 싫어서 의사 표명의 한 수단으로 띠지를 빼기로 했어요. 띠지가 있어야 잘 팔린다는 근거 없는 안도감을 없애고 싶었습니다. 그리고 '책이란 무엇인지, 책의 진짜 모습은 무엇인지'를 다시 생각했어요. 베스트셀러를 많이 낸 출판사라면 사정이 전혀 다를지도 모르지만, 원래 적은 부수로 운영해 왔기 때문에 실제로 매출에 영향은 거의 없었어요. 그 일은 지금의 저에게 내용을 충실히 만들자는 마음을 다지고, 3월 11일을 잊지 않으려는 '작은 깃발'이라고 할 수 있습니다.

출판 일은 어렵고 매일 실패와 반성의 연속입니다. 좋은 책을 만들기 위해서 더 공부하고 싶어요. 아울러 회사의 경영 같은, 전혀 다른 능력도 필요합니다. 회사 유지를 위한 일들을 하면서 책과 만나는 시간을 어떻게 확보할지에 대한 고민도 계속 커집니다. 미나토노히토를 만든 뒤, 오로지 일만 해 왔던 18년이었고 희생해 온 것도 적지 않았어요. 좋아하는 일을 하는 기쁨과 충족감은 물론 큽니다. 다만 지금까지 미나토노히토에서 책을 내 주신 저자 분들과 도와주신 분들, 거래처에 대한 책임도 무겁게 느낍니다. 이대로 좋은지 매일 자문자답해요.

젊은이의 희망을 지지하고 싶다

2014년 출간된 구집句集『그대에게 눈이 있으니 크게 떠라』는 1985년 출생의 젊은 하이진俳人●이 쓴 작품집이다. 산뜻한 노란색 소프트커버이며 본문 용지는 만화잡지 용지와 비슷한 갱지를 썼다. 언뜻 보면 구집이라곤 생각할 수 없는 캐주얼한 외형이다. 또 표지에는 '연애 구집'이라고 쓰여 있다. 하이쿠집 표지에 이런 말을 넣은 것은 이례적이다. 일부에서는 놀랐다는 얘기도 들린다.

● 하이쿠 짓는 사람.

「빛이 비쳐 온다」

기타무라 다로 지음.
우연히 발견된 기타무라 다로의
원고와 잡지 스크랩 뭉치를
모아서 만든 책. 사후 15년이
지나 출간되었다. 나카하라
준이치의 「해바라기」, 「주니어
소레이유」에 실렸던 독서
안내도 수록.
"소녀들에게 자상하게 말을
거는 듯하면서도 가슴 철렁한
날카로움과 신랄함이 있어요.
오직 기타무라 다로만이 쓸 수
있는 문장입니다." ─우에노

「나무 위의 고양이」

기타무라 다로 지음. 미발표 에세이 52편.
표지 그림도 저자가 직접 그린 것이다.
"기타무라 씨가 자기 시를 낭독한 음원이
남아 있어서 부록 CD로 넣었습니다."
─우에노

「가리토마리코」假泊港

사사하나 쓰네오 지음.
본문은 검정, 페이지 번호와 가름끈만 빨강, 프랑스식 제본,
책 케이스, 머리 언컷(배와 밑만을 재단하고 머리를 그대로 둔 채
제본한 것) 등 공을 들여 제작한 책이다. 미나토노히토에서
처음으로 활판 인쇄를 채택한 시집.

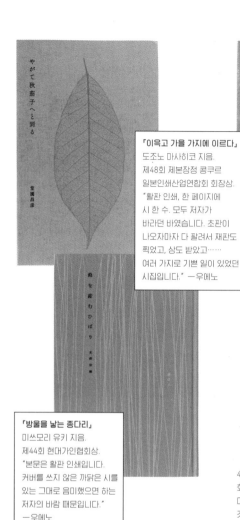

「이윽고 가을 가지에 이르다」
도조노 마사히코 지음.
제48회 제본장정 콩쿠르
일본인쇄산업연합회 회장상.
"활판 인쇄, 한 페이지에
시 한 수. 모두 저자가
바라던 바였습니다. 초판이
나오자마자 다 팔려서 재판도
찍었고, 상도 받았고……
여러 가지로 기쁜 일이 있었던
시집입니다." —우에노

「마음의 손바닥에」
이나바 마유미 지음.
소설가로도 알려진 시인의
유고 시집.
"동일본대지진 직후부터
써 둔 시를 2015년 3월 11일
(이날은 대지진이 일어난 날
—옮긴이)까지 내달라는
편지를 돌아가시기 열흘 전에
원고와 함께 받았습니다.
책임이 막중해서 시간이
걸렸지만, '힘내세요'라는
이나바 씨의 목소리가 들리는
것 같았어요." —우에노

「방울을 낳는 종다리」
미쓰모리 유키 지음.
제44회 현대가인협회상.
"본문은 활판 인쇄입니다.
커버를 쓰지 않은 까닭은 시를
있는 그대로 음미했으면 하는
저자의 바람 때문입니다."
—우에노

4월과 10월 문고.
화가 마키노 이사오를 중심으로 다루는
미술동인지 『4월과 10월』에서 연재한
것을 묶은 시리즈.
"문고라고 해도 보통 문고판 사이즈가
아니고 한 단계 큰 사이즈입니다."
—우에노

요즘 드는 생각은 어느 정도 나이가 든 사람의 의무로서 젊은 사람을 응원하고 싶다는 겁니다. 이 마음도 젊은 시절 저를 대등한 관계로 대해 주셨던 기타무라 씨로부터 배운 것일지도 몰라요. 또한 앞서갔던 선배들로부터 제가 배운 것들을 이제 젊은 사람들에게 돌려주고 싶은 마음도 있습니다. 미나토노히토는 특히 시와 단카短歌, 하이쿠를 쓰는 사람들에게 힘이 되고 싶어요.

　　지금 시집, 가집, 구집의 대부분은 자비 출판 형태로 세상에 나옵니다. 자비 출판 자체가 나쁘다고는 생각하지 않아요. 미야자와 겐지의 『봄과 수라』도 자비 출판이었으니까요. 다만 그 영향으로 시집을 둘러싼 상황이 세상과 출판계와는 동떨어진 곳에 갇히는 경향이 있습니다. 그 부분에 아주 작은 구멍이라도 낼 수 있으면 좋겠습니다.

　　시집의 세계에는 훌륭하게 선도했던 출판사가 몇 곳이나 있었던 덕에 미나토노히토는 그들이 쌓은 토대에 올라타서 좀 더 자유롭게 출판할 수 있는 게 아닌가 합니다. 그런 점에서 주제넘은 말이지만, 의식적으로 밖으로 나가 외부의 자극을 받지 않으면, 시와 문학의 힘은 점점 사라진다고 봅니다.

　　『그대에게 눈이 있으니 크게 떠라』의 저자 사토 아야카 씨는 밖을 향해 나가려는 강한 욕구로 열심히 사는 사람이에요. 그런 마음을 받아서 저도 편집하고, 디자이너도 디자인 시안을 냈어요. 그걸 다시 사토 씨가 받아서 논의를 거친 뒤, 지금의 형태가 되었지요. 그리고 저 자신의 판단

「그대에게 눈이 있으니 크게 떠라」
사토 아야카 지음

으로 자비 출판이 아닌 미나토노 히토의 기획으로 출판했습니다.

2010년 미나토노히토에서 처음 낸 가집 『방울을 낳는 종다리』의 저자 미쓰모리 유키 씨가 우리 출판사를 선택해 주신 것도 그분 나름의 도전 정신과 문제의식이 있어서가 아닐까 합니다. 그 마음에 보답하려는 생각으로 만들었고, 결국 일반적인 가집과는 아주 다른 형태의 책이 되었어요. 주위에서 당혹스러워하거나 비판하는 목소리도 있었지만, 좋게 평가해 주는 분도 많았습니다. 물론 그보다는 미쓰모리 씨의 작품에 확실한 매력이 있었기 때문이죠. 미나토노히토에는 특별한 책이었고, 가집과 시집을 계속 낼 수 있는 발판이 되었습니다.

시집이나 가집은 "안 팔린다"는 얘기를 계속 들었습니다. 그러나 안 팔리기 때문에 할 수 있는 일이 있을지 모릅니다. 희망을 잃고 싶진 않아요. 미나토노히토를 시작하고 몇 년 지나니까 '희망 있는 책을 만들고 싶다'는 말이 가슴에 떠올라서 때때로 입에 올립니다. 앞일은 알 수 없지만, 사람들의 마음을 풍족하게 하고 삶의 희망을 밝히는 책을 만들고 싶습니다.

●미나토노히토 www.minatonohito.jp

시도 출판도 시대와 싸워야 새로운 형태를 낳는다

1931년 도쿄 출생. 1952년, 시집 『이십억 광년의 고독』으로 데뷔. 시 이외에도 그림책, 에세이, 번역, 각본, 작사 등 폭넓게 활동했다. 시를 낳는 아이폰 어플 '다니카와', 우편으로 시를 보내는 '포에메일' 등 참신한 시도도 많다. 요미우리문학상, 일본번역문화상, 노마아동문예상, 하기와라사쿠타로상, 아유카와노부오상 등 수상.

다니카와 슌타로는 시장 규모가 작은 현대시의 세계에 몸을 담으면서 다양한 분야와의 협업으로 시의 영역을 일반 독자층으로까지 넓힌 인물이다. 유명해지고 나서도 출판사의 규모나 연혁을 따지지 않고, 작은 출판사와도 참신한 시도를 이어 갔다. 출판사엔 든든한 존재였다. 반세기 이상 출판계의 변천을 밟아 온 다니카와 슌타로 씨는 갈수록 작아지는 출판사의 현 상황을 어떻게 보는지 물었다.

독자를 넓혀 가는 시대는 끝났다

— 다니카와 씨는 작은 출판사 여러 곳에서 책을 내셨죠?

저는 약자 편이에요. 시는 원래 많이 팔리는 게 아니니까 작은 출판사 쪽이 얘기하기 편하고 친숙한 부분이 있습니다. 올해 낸 두 권의 시집 중 한 권은 몇 년 전부터 친하게 지내 온 나나로쿠샤에서 냈고, 다른 한 권은 시초샤에서 냈어요. 두 곳 다 큰 출판사는 아니죠? 신생 출판사는 신중한 노포 출판사와는 달리 얘기한 게 바로바로 반영되어서 금세 완성되더군요. 그 차이가 아주 재미있어요. 저도 출판사 편에 서서 경영을 걱정하기도 하는데, 큰 출판사에는 없는 일체감이 있습니다. 좋은 기획이면 작은 출판사라도 같이 일합니다. 그래서 저는 큰 출판사하고도 일하고 작은 출판 사하고도 일해요. 다양한 곳과 일한 것이 지금의 저를 만들지 않았나 싶습니다.

— 시인으로서 시 전문 출판사 이외에서 책을 많이 내신 걸로는 선구자이시네요.

1960–1970년대였나, 시초샤가 '현대시 문고'를 내기도 하고, 현대시가 흥했던 시기가 있었어요. 그 무렵부터 저는 '시의 세계를 더 넓혀야 한다, 보통 사람이 즐길 수 있는 시를 써야 한다'고 쭉 생각했습니다. 잘 팔리는 시집을 내려고 열심이었는데, 지금은 꼭 그러지 않아도 됩니다. 초판 1만 부를 찍었던 출판사도 지금은 3,000부로 낮추었습니다. 그 정도 부수라면 굳이 대형 출판사만 고집할 필요는 없다고 봐요. 시대의 흐름에 맞춰서 저도 세밀하게 판매하는 출판사가 낫다는 생각으로 바뀌었어요.

— 출간 이벤트에 직접 나가시는 횟수도 아주 많네요?

요즘은 책이 나오면 저자가 밖으로 나돌아야 책이 팔리는 시대잖아요. 힘들지만 저도 출판계의 일원으로서 소

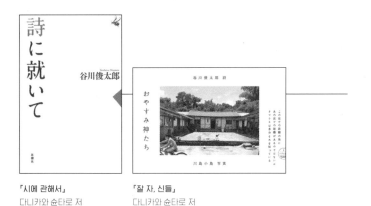

『시에 관해서』
다니카와 슌타로 저
시초샤

『잘 자, 신들』
다니카와 슌타로 저
나나로쿠샤

형 출판사에 기여할 수 있는 부분이 있어요. 저자의 지원은 대형 출판사보다 소형 출판사에 더 큰 힘이 됩니다. 신문과 잡지 인터뷰는 기본이고 출간 행사를 열 테니 100부를 사인해 달라든가 밴드를 불러서 연주한다든가 그런 일이죠. 책에 따라 사인만으로 끝나지 않을 때도 있어요. 예전엔 원고를 주기만 하면 끝났는데, 요즘은 그렇지 않은 것이 저자 쪽의 가장 큰 변화죠.

— 책에 가장 많이 사인하신 건 언제인가요?

아마 『마더 구스의 노래』가 100만 부 팔렸을 때일 거예요. 그때 처음 대규모 사인회를 경험했어요. 출판사와 서점이 공동으로 기획해서 사전 홍보를 했는데, 사인회장에 긴 줄이 늘어서서 계속 사인했죠. 그전에는 어쩌다 책 산 사람이 와서 사인해 달라고 하는 게 다였기 때문에 아주 신선한 경험이었습니다.

— 100만 부 달성 기념 사인회라니 지금은 꿈같은 일이네요.

1970년대였나. 그게 처음이자 마지막이라고 할 수 있어요. 제가 처음 시를 쓰기 시작했을 무렵에는 현대시의 시단이 아주 폐쇄적이어서 신문에 시가 실리면 "메이저 신문에 시를 발표하다니 무슨 짓이냐"라고 질책을 받는 시대였어요. 시집은 자비 출판이 당연했죠. 아주 적은 수의 독자를 상대로 한다는 게 저는 불만이었어요. 그 이유 중 하나는 생활 문제였죠. 순수하게 시를 쓰기만 해서는 도저히 먹고살 수가 없어서 독자층을 늘리기 위해 사진이나 음악 등 다른 장르와 협력해 왔습니다. 그게 약 10년 전이었을 거예요. 이제 독자층을 늘려야 하는 시대구나 하고 생각하기 시작한 때가요.

현대는 포에지로 넘쳐 있다

— 시를 읽는 사람이 적어진다면?

시의 수요는 당연히 줄어들고 있지만, 요즘은 출판계를 포함해 전체적으로 정보 과잉이라서 제가 말하는 게 거북해졌어요. 지금 잘 팔리는 시는 현대시와는 전혀 관계없는 시예요. 아이다 미쓰오 등이 내놓은, 만화가 들어간 시라든가 인생론을 담은 시는 어느 정도 팔려요. 현대시와 잘 팔리는 시는 전혀 별개라는 의식도 생겼습니다.

— 다니카와 씨가 말하는 일이 거북해지셨다니 큰일이군요.

미디어 중에서 시만이 비교적 과묵한 장르예요. 시는 정보 전달을 위한 글이 아니니까 얼마든지 많이 써도 괜찮지 않을까요. 현대시는 고작 수백 부 팔리는 시장이었지만, 좀 유행이 되자 무명 시인이 자비 출판한 시집이 1,000부 팔리는 일도 있었죠. 전 초판 1만 부가 당연한 시기를 겪었는데, 시에선 그 정도 선이 한계였던 것 같아요. 어떤 의미에서 요즘은 시라는 것이 속박되고 어지러이 흩어지고 있어요.

— 시가 속박되었다는 말씀은 어떤 의미인가요?

일본어의 '시'라는 말에는 시작품試作品, 시정詩情(=포에지), 이 두 가지 뜻이 있어요. '시작품'으로서는 지금 잘 안 팔리지만, '시정'이라는 관점에서 보면 다양한 분야에서 시적 욕구를 채우고 있습니다. 가령 '시정'은 풍경에도 있어요. 관광 여행도 시정을 만족하는 한 방법이에요. 그리고 애니메이션. 미야자키 하야오 감독이 만든 애니메이션은 포에지가 강해요. 그리고 우리 손자(스타일리스트 다니카와 유메카)가 하는 액세서리 같은 것에도 포에지가 있어요. 만화에도 포에지가 가득합니다. 우리 때는 행을 바꿔 가며 쓴 글, 즉 '시 작품'을 발표했지만, 요즘은 다른 분야에서 시적 욕구를 충족하고 있다고 봐요.

— 액세서리가 시의 연장선에 있다고 보시는군요. 확실히 판매할 때는 시적인 말이 요구되는 것 같습니다.

　　요약하면 '아름다운 말'이 시예요. 진실을 전하거나 도덕적으로 바른 말일 필요 없이 아주 아름다운 언어라면 시가 됩니다. '미'美라는 관점에선 모두 같아요. 소자본 출판사 중에도 드물지만, 아름다운 책만 내는 곳도 있고요. 시도 수작업처럼 마치 민속예술가가 애호가에게 작품을 선보이는 듯한 이미지가 있어요. 그래서 플라스틱 공산품과는 전혀 다른 질의 제품이 나올 수도 있습니다. 제 희망은 그래요. 잘 안 되고 있지만.

— 유메아루샤에서 내신 『선은 노래한다』는 서점이 아닌 곳에서도 잘 팔린다고 하던데요.

요즘은 취미실용 쪽의 잡화에 가까운 책이 많이 나와서 책이 종이의 오브제로서 존재 의미를 얻었어요. 아마존에서 사는 것과 전혀 다른 물성이 있지요. 잡화점에 책이 있으면 그게 예뻐서 곁에 두고 싶어 합니다. 이제까지 저는 거의 경험하지 못한 일이라 아주 새로워요.

— 책이 잡화 취급되는 것도 찬반양론이 있는데요. 책은 단순한 상품이 아니라 작품이라는 의견이 있습니다.

아, 그건 당연해요. 양면이 있는 거죠. 그런데 작가의 작품을 너무 높게 보는 건 아닐까요? 작품은 주변 여기저기 굴러다니는 돌처럼 생각하는 게 좋아요. 예를 들어 길가의 풀이 아주 중요한 존재는 아니잖아요. 이름 없는 풀이지만 잘 살고 있죠. 잡화점에서 진열되든 다른 데서 진열되든 자기가 그 작품을 좋아하면 자연스럽게 소중히 여기게 됩니다.

— 길가의 풀요?

저는 제 시의 이상형을 그렇게 상상합니다. 즉 시라는 건 무언가를 전하는 게 아니고 거기에 존재하는 것이라고 봅니다.

— 그렇군요. 그래서 시라면 얼마든지 많이 써도 좋은 것이라고
   하셨군요.

   길가의 잡초는 아무런 의미도 없고 뭘 전하려고도 하
지 않지만, 그 자리에 있는 것만으로 아름답잖아요? 사람이
보고 느끼는 힘만 있다면 책도 잡초와 똑같이 생각해도 됩
니다. 요즘은 아무리 좋은 작품도 기억되지 못하고 전부 흘
러가 버리잖아요. 저처럼 옛날 사람은 그래도 괜찮을까 싶
긴 하지만, 오늘날처럼 정보와 미디어가 거대화되면 어쩔
수 없는 일이에요.

전집을 낸다면 전자 미디어로 내겠다

— 최근 디지털화의 물결에 대한 반동으로 존재감 있는 책을 만
   들려는 사람도 나오고 있습니다.

   별개의 것이라고 생각하면 됩니다. 종이책은 절대로
사라지지 않을 것이라고 봐요. 정보성이 강한 책은 다 전자
책으로 만들어도 상관없지만, 시를 전자책 단말기로 읽는
건 위화감이 있습니다. 아무래도 시는 정보가 아니라서요.

— 전자서적 어워드 2012 문예상을 받은 아이폰 어플 '다니카와'
　는 허용 범위였나요?

　그것 말고도 전 이와나미쇼텐과 제 모든 시를 전자책
으로 만드는 계약을 맺었어요. 곧 권당 300엔 정도에 전자
책으로 읽을 수 있을 거예요. 거기에 특별히 거부감은 없
습니다. 개인 전집은 근사한 케이스 안에 넣어서 나오는데,
전 그렇게 무거운 건 싫어요. 예전부터 만약 전집을 낸다
면 전자 미디어로 내겠다고 생각했어요. 2000년에 이와나
미쇼텐에서 제 시 모두를 CD-ROM으로 냈는데, 과도기적
인 형태였어요. 다만, 제가 수십 년을 바쳐서 쓴 시가 CD-
ROM 한 장에 담기니 쾌감이 있더군요.

— 결국, 매체의 문제가 아니고 작품의 힘을 믿는다는 말씀이군
　요. 길가의 풀처럼요.

　아뇨. 전혀 안 믿습니다. 전자기기를 좋아했던지라 CD-
ROM으로 나오면 기쁘긴 해요. 시는 값을 매길 수 없는 거
니까요. 저작권 사용료도 없는 게 이상적이라고 생각하지
만, 그러면 먹고살지 못하겠죠. 종이나 디지털미디어처럼
시에 뭐가 붙으니 값이 매겨질 수밖에 없다고 생각해요.

현미경으로 읽는,
프레파라트에 새겨진 시집
포에미크로 프레파라트
『현미경을 위한 시 5편』
오블라투

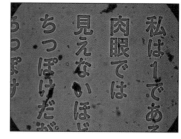

— 새로운 미디어를 유연하게 받아들이시는 걸 보면 늘 놀랍니다.

모두 저 혼자 시작한 일은 아니에요. 주위 사람들에게 자극받아서 한번 해 보자고 이야기가 된 거죠. '오블라투'라는 브랜드 알아요?

— 네. 현미경 작품요.

전 그걸 아주 좋아해요. 그쪽 세계로 가고 싶었거든요.

사진 시집 『그림책』의 소자본 책 작업

— 다니카와 씨는 시를 사람들에게 전달하는 방법을 다양한 미디어로 시도하시는 것 같습니다.

저는 첫 시집 『이십억 광년의 고독』을 소겐샤에서 낸 뒤, 쭉 상업 출판사에서 낼 수 있었어요. 동인지나 자비 출판을 거치지 않고 책을 낸 것은 당시로선 아주 예외적이었어요. 하지만 네 번째 책은 친구와 자비 출판으로 냈습니다.

아동문학 쪽으로 간 기타가와 사라히코인데, 저를 시의 세계로 이끈 친구죠.

— 어떤 계기였나요?

그 친구가 '마토바쇼보'라는 출판사를 차려서 이나가키 다루호의 소설 등 재미있는 책을 몇 권 냈거든요. 그가 보통 출판사에서 내지 않는, 사진과 시가 함께 있는 시집을 내자고 했어요. 제가 찍은 사진을 한 장 한 장 넣어서 만든 책이 『그림책』이라는 시집이에요. 작은 출판사와 세밀하게 이야기하다가 책 한 권이 나왔죠. 그 소형 출판 형태의 경험이 책을 만드는 데 일종의 원체험으로서 제 안에 확실히 남아 있습니다. 홍보를 위해 예약 엽서를 찍어서 친구들에게 뿌리기도 했어요. 지금처럼 잡화점에서 책을 진열해 주는 것도 아니라서 직접 발로 뛰며 파는 소자본 출판이었습니다.

— 본인이 직접 팔기도 하셨군요.

자비 출판으로 한때 잘나갔던 전 신푸샤 대표 마쓰자키 요시유키에게 제가 공감한 것은 시는 '자비 출판으로 아주 적은 부수가 기본'이라는 발상이에요. 당시, 원점으로

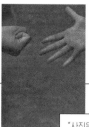

「그림책」
마토바쇼보 1956년.
300부 한정 600엔.

"사진은 대부분 저와 당시
아내의 손이에요. 다케미쓰
도루의 손도 있습니다.
가위바위보 하는 건
다케미쓰와 아내의 손이에요."
ㅡ다니카와

「그림책」 예약 엽서.
팔고자 하는 절실함이
글에서 엿보인다.
예정보다 2개월 늦게
출간되었다고 한다.

돌아간다는 생각으로 힘을 쏟았습니다. 큰 출판사도 자비
출판은 해요. 출판을 생각할 수 없었던 일반인들도 약간의
돈만 있으면 책을 만들 수 있는 길이 있습니다. 출판의 형
태가 다양해진 것은 물론 좋은 일이긴 합니다.

— 누구나 책을 낼 수 있다는 것은 장단과 단점이 있지 않을까요?

기술이 그 방면에 박차를 가하고 있습니다. 지금은 PC만 있으면 웬만큼 근사한 걸 싸게 만들 수 있잖아요? 저도 처음에는 혼자 제본하고 직접 팔 수 있다면 그게 이상적이라고 생각했거든요. 요즘 젊은 시인들은 쉽게 인터넷에 올릴 수 있고 사진과 음성까지 넣을 수 있습니다. 그러나 거기에 만족하다 결국 거기에만 갇히는 경우도 나오지 않을까 하는 생각도 듭니다.

소자본 출판에 미래는 있는가

— 편집자는 이제 필요 없다는 주장도 있습니다.

편집자도 자기가 좋아하는 주제와 저자를 찾는다든가 아주 오래된 것이라도 자신이 좋아한다면 출판한다든가, 여러 길이 있다고 봅니다. 단지 부업으로 하는 편이 소자본 사업으로선 무난하다고 생각해요. 시를 써서 먹고살려는 사람에게도 같은 말을 할 수 있는데요. 먹고사는 문제를 생각한다면 시 같은 건 그만두라고 말할 수밖에 없어요. 소형 출판사도 자기 혼자인지 세 식구인지 모르겠지만, 출판만으로 먹고사는 건 무척 힘들어요. 제 친구도 시인이지만 생활보장 대상자거든요. 시는 돈벌이가 안 되는 장사예요.

— 쉽지 않군요…….

저도 거기서부터 시작했어요. 좋은 시를 쓰겠다는 생각은 전혀 하지도 않았어요. 대학도 안 가고 이제부터 어떻게 먹고사느냐가 출발점이었으니까요.

— 출판은 앞으로 어떻게 바뀌는 것이 이상적이라고 생각하시나요?

이제 이상 같은 걸 좇으면 안 됩니다(웃음). 먹고사느냐 마느냐의 문제예요. 그 안에서 뭔가 좋은 게 나오지 않을까요? 시대와 함께하는 일을 무시하고 이상을 추구할 수는 없습니다. 주위 상황에 맞춰 새로운 형태가 계속 나올 거예요. 소자본 출판사도 저는 시대의 압박 때문에 나왔다는 생각이 강하게 듭니다. 그뿐 아니라 인쇄 기술이 간단해졌고 누구나 자유롭게 글을 올릴 수 있는 상황이에요. 주위의 상황과 자신이 어떤 것을 만들고 싶은지 사이에서 균형을 잘 잡으면 어떤 방향으로 나아갈 수 있을 것 같아요. 앞으로 일할 사람들은 모두 바쁘게 움직여야 할 겁니다. 침착하고 여유 있게 일하는 건 제 나이쯤 되면 가능할 거예요.

2

지방에서 출판사의 가능성을 열다

「출판」과
「지속」은
동의어.
차세대를 향해
지금 무엇을
할 수 있는가

미시마샤ミシマ社
미시마 구니히로

2006년 10월 지유가오카에서 창업했으며, '회사를 크게 키우지 않는다', '출판 종수를 많이 늘리지 않는다', '한 번 출간한 책은 절판하지 않는다' 등을 목표로 내걸고 도서유통회사 없이 서점과 '직거래'로 책을 유통했다. 미시마샤의 시도는 늘 파격적이다. 미시마 구니히로 대표는 저서 『계획과 무계획 사이(한국어판 제목 - 좌충우돌 출판사 분투기)』, 『잃어버린 감각을 찾아서』에서 현재 진행형의 자신을 과감하게 드러내며 출판이 앞으로 추구해야 하는 방향에 관해 이야기했다. 출판 불황에서 빠져나오는 방법은 업계 종사자 모두가 알고 싶어 한다. 출판의 미래를 바라보며 쉬지 않고 달리는 미시마샤. 독자에게 보이는 '미시마 구니히로의 현재'는 늘 그의 뒷모습일 수밖에 없다. 그 모습을 떠올리면서 교토의 사무실을 방문했다.

가라앉지 않는 작은 배가 되기 위해

지유가오카와 교토, 두 지점 체제가 된 지 5년째이고, 내년에 창립 10주년이 됩니다. 회사를 시작할 때부터 '원점 회귀의 출판사'라고 말해 왔는데, 일단 지속하는 중입니다. 책을 절판하지 않고 100년 지속하는 것이 방침 중 하나입니다. 책은 식품과 달리 유통 기한이 없기 때문에 읽는 타이밍이 꼭 신간일 때라고는 단언할 수 없죠. 책과 사람의 살아 있는 만남을 출판사가 실현하는 일. 오로지 그뿐입니다. 그 10분의 1이 이제 막 지났죠.

현재 직원은 미시마 대표를 포함해서 8명이다. 처음 5년은 자기 생각이 구성원들에게 잘 전달되지 않아서 초조했다. 그래서 말로 하지 않아도 감각을 공유할 수 있는 관계를 만들기 위해 '숙소를 정하지 않고 사원 여행' 등 엉뚱한 제안도 했다. '태평한 소리 하지 말고 일해'라는 생각이 10년째를 앞두고 '일만 하라고 강요해도 재미가 없다'는 것으로 바뀌었다.

책의 중요한 역할은 세상의 '작은 목소리'를 줍는 일이에요. 그 일을 하는 우리가 대기업처럼 스펙이 좋은 인재를 채용해서 일에 효율을 추구한다면 획일적이어서 재미가 없고, 흐리멍덩한 공기 속으로 우리도 들어가 버립니다. 어떤 사람과도 재미있게 일할 수 있다는 것은 실제로 책을 만드는 일과도 밀접한 관련이 있어요. 감각의 공유는 드러나는 행동으로는 할 수 없고, 함께 일을 해야 가능합니다. 즉시 일할 능력과 단기적인 성과를 요구하는 것은 이 일이 그 정도밖에 안 된다고 스스로 말하는 것과 같습니다. 처음부터 결과를 요구할 게 아니라 어디에 도착할지 몰라도 매일 함께 걸어가는 겁니다. 그러다 어떤 풍경이 보일지도 모르잖아요. 시간을 들여야 할 수 있는 일은 많습니다. 회사는 사람이 전부이기 때문에 모든 구성원이 날마다 성장한다고 믿고 가야 출판의 밝은 미래로 이어집니다.

이상은 그럴지도 모른다. 현실은 회사가 존속하기 위해 일의 효율과 바로 성과를 내는 능력을 요구하는 것이 상식이다. 미시마샤 또한 어떤 일에든 원하는 만큼 시간을 들일 수는 없다. 그러나 기다려야만 얻을 수 있는 것도 있다.

우리는 거대한 배가 아니라 작은 배니까요. 앞으로 심한 파도나 비를 대비하려면 재빨리 판단해서 나아가지 않으면 치명적이에요. 저는 학생 시절 요트를 탔는데요. 바람에 흔들려서 기울어져도 꼭 위험한 건 아닙니다. 오히려 어느 정도 기울어져야 나아갈 수 있죠. 아슬아슬한 단계가 있는데 자칫하면 바다에 돛이 반 정도 잠겨서 안 나가요. 실제로 요트에 타 보면 어느 시점에 돛을 조정할지 감각적으로 알게 됩니다.

지금 동료들과 같이 가겠다고 결정한 이상, 각자가 경험을 쌓아 스스로 일할 수 있게 될 때까지 닥쳐오는 위험을

2층 단독 주택에 꾸민 교토 사무실. 1층은 툇마루와 고타쓰가 있는 서점이고, 일반인도 들어올 수 있다.

함께 맞설 각오로 임해야 합니다. 머리로 알아도 몸이 익숙해지지 않으면 아는 것이 아닙니다. 모든 일에는 금방 잘하는 사람, 반년은 걸리는 사람, 갑자기 확 올라가는 사람이 있습니다. 개인차가 크지요. 아주 느리지만 어쨌든 목표에 다다릅니다. 그건 일이 즐거워졌다는 증거죠.

구체적인 위험 부담을 예로 들면 미시마샤에서는 연간 7-10권의 책을 내고 있지만, 출간 일주일 전까지 영업이 늦어지면 '치명적'이라고 한다. 서점 하나하나 다니며 영업하는 직거래 관계에서 일주일의 손실은 서점에 진열되는 부수가 실제로 일주일분 줄어든다는 것을 의미한다. 아직 과제는 있지만, 동료

에게 맡기지 않으면 아무 일도 할 수 없다.

도쿄 한 곳에 집중된 출판사 상황에 의문을 품은 미시마 대표는 2011년 교토의 조요 시에 사무실을 새로 마련했고, 2년 뒤 교토 시내로 옮겼다. 도쿄 사무실과 두 지점 체제가 되면서 구성원들과 소통하기 위해 지금까지 자신이 취했던 방식을 바꿔야 했다. 우선은 전해야 할 과제를 단순하게 말했다. 감정을 섞지 않고 부정적인 말투를 피하면서 자신의 의중을 전했다. 직원이 자신의 판단으로 목표를 달성했을 때, 미시마 대표가 했던 말을 비로소 이해한다. 기본적인 부분이지만 꽤 어려운 일이기도 하다. 이 과정은 미시마 대표에게도 어떤 깨달음을 주었다.

처음에는 너무 힘들었어요. 그럴 줄 몰랐죠. 누구를 관리하는 일은 전혀 하고 싶지 않았고, 그냥 책 만드는 일이 좋아서 시작한 회사니까요. 그러나 저 혼자만 아무리 책 만들기의 질을 올려 봤자 직원 전체의 업무 능력 개선으로 이어지지 않아요. 하고 싶은 일을 하려면 저도 변해야 함을 깨달았습니다. 직원이 늘어나면서 저도 책 만드는 일을 통해 '어른이 되라'는 메시지를 받았습니다.

선구자들의 지혜와 교토

미시마 대표는 생각이 다른 사람들이 모이더라도 한 회사로서 일할 수 있는 장소를 어떻게 꾸밀지 생각하면서 "선구자들의 지혜로부터 조금씩 배워서 익힐 수밖에 없다"는 말을 반복했다. 회사를 차린 지 3년째부터 배운 합기도에서 배울 것이 많다고 한다. 오랜 지혜가 쌓인 교토로 옮긴 것도 타이밍이 좋았다. 업무 편의만을 생각하면 도쿄 쪽이 좋지만, '경제적인 것과는 별개의 배움'이 교토에 있다고 한다.

오래 이어져 온 것은 개인의 생각 범위로는 도저히 따라갈 수 없는 깊이가 있어요. 선인들의 메시지를 다른 이에게 전파하는 행동력을 어디서 어떻게 키울 것인가. 그것은

학교와는 다른 장소에서 배울 필요가 있습니다. 그러지 않으면 자기 혼자만의 경험과 지식 안에서 처리하기 때문에 거의 계승되지 않아요. 저는 합기도를 배웠는데, 다행히 일본에는 뛰어난 가르침이 아주 많습니다. 본디 책은 그런 가르침들이 응축된 것이기도 하죠.

신사, 절, 지장地藏 등 영적인 장치를 걷다가 쉽게 볼 수 있는 교토에서는 '태만하면 안 된다'라든가 하루의 행위 안에서 '자기중심적인 행동의 억제'라든가, 숨을 쉬는 것만으로 체감하는 부분이 있습니다. 가령 이 도코노마床の間(일본식 객실)에 온 선생님이 '저쪽에 족자 있는 게 좋지 않아?'라고 하셔서 수긍하면, 저도 어느 사이엔가 도코노마에 아무것도 없다는 데 허전함을 느끼게 됩니다. 어제 만난 샤쿠 뎃슈 선생님이 말씀하시길 도코노마는 오늘날 건축의 발상에서는 '불필요한 것'이지만, 불필요하다고 생각되는 것에도 감춰진 힘이 있다고 합니다.

오사카 이케다 시에는 주지승 샤쿠 뎃슈가 대표로 있는 요양소 '무쓰미앙'이 있다. 순수 목조 일본 가옥을 이용한 이 시설은 건물 중심에 불단이 있으며, 도코노마, 경사가 급한 계단도 있는 등 요즘 돌봄 시설에서는 '있을 수 없는 환경'이다. 그런데 인지장애(치매)가 있는 사람들이 사회성을 잃어 가는 상태에서도 불단에 다리를 향하지 않는다고 한다.● 인간으로서 하

● 일본에서는 불단에 다리를 향하거나 그 상태로 잠을 자는 것은 예의에 어긋나서 금기시된다.

지 말아야 할 일의 기억이 불단의 존재 덕에 유지되는 것이다. 12년간 계단에서 다친 사람은 없고, 오히려 걷지 못하던 사람이 다 나아서 걷게 된 일도 있다고 한다.

배리어프리barrier-free●가 갖춰진 환경 속에서 인간은 본디 가진 감각을 잃어 갑니다. 일본인들이 소중히 여기는 도코노마나 불단이 가까이 있으면, 생각지 못한 힘이 생기는 일이 실제로 있다고 해요. 그런 부분을 최근 조금씩 인식합니다. 결과적으로 교토에 오길 잘한 것 같아요.

미시마 대표는 저서 『잃어버린 감각을 찾아서』에서 한 살 된 아들의 행동을 보면서 인간은 가르쳐 주지 않아도 '사는 데 필요한 감각을 갖추고 있구나' 하고 놀랐다고 한다. '언어화의 시기'는 어른이 되는 필요 과정이지만, '어른이 된다는 명목으로 마비된 감각을 내버려 두면 안 된다'는 구절이 인상적이었다.

아이는 정말 재미있어요. 말은 못 해도 온갖 것을 보고 소통을 합니다. 그 감각이 대단해요. 앞으로 달리다가 갑자기 확 뒤돌아서 "비행기!"라고 외치는데, 저한테는 소리도 안 들리고 아무것도 안 보여서 살펴보니 저 멀리에 비행기가 보여서 놀란 적이 있어요. '아기가 보는 걸 난 못 보는

● 장애인이나 고령자 등의 사회생활에 지장을 주는 물리적 또는 심리적 장벽을 없애기 위해 실시하는 운동 및 시책.

구나. 말을 할 줄 알아야 세상을 안다고 생각했구나' 하고 제 시야가 좁다는 걸 깨달았습니다. 아이를 직원으로 바꿔도 같아요. 그들과 저의 관점이 전혀 다르면 시야가 넓어지기도 합니다. 보통은 가만 놔두면 다들 잘해요. 아이 때 누구나 갖춘 능력도 어른으로 되는 교육을 받고 사회화하면서 점점 쇠퇴합니다. 주변의 소리가 남이 하는 말에 묻혀서 점점 안 들리게 되지요. 아이는 사회성이 전혀 없기 때문에 놀라운 행동을 할 수 있습니다. 어른이 사회성을 유지하면서 능력을 최대한으로 발휘하려면, 100퍼센트 자유자재로 일할 수 있는, 절대적인 필드가 필요하다고 봅니다.

이를 사무라이 세계나 수행에 나오는 '결계'에 비유하는 건 너무나 미시마 대표다웠다. 자고 있어도 적이 접근하면 바로 알아채는 자신의 영역. 그렇지 않으면 사무라이라는 직업 자체가 성립되지 않는다. "어떤 일도 본디 그렇지 않나요?"라고 말하는 미시마 대표. 회사에서도 "이상한 이야기라도 망하지만 않으면 된다"고 말한다. 그래서 그런지 미시마샤의 출판물과 활동에는 구체적인 정답을 제시하지 않는다. 그리하면 어떻게 하든 잘될 것이다. 이 또한 기존 회사에 없는 미시마샤의 독특한 가치관이다.

자신의 감각을 최대로 발휘할 수 있는 곳을 나날이 넓히는 일이 아마도 '일을 통해 세상을 넓히는 일'이 아닐까 합니다. 최대한 능력을 발휘할 수 있는 곳에 있으면 어떤

'출판'과 '지속'은 동의어, 자세계를 향해 지금 무엇을 할 수 있는가

시대, 어떤 상황에서도 휘둘리는 일이 없습니다. 예를 들어 '경기 침체의 여파에 흔들린다'는 얘기는 즉 '경기'가 주체인 상태입니다. 반대로 '자신'이 주체가 되어서 마음껏 일할 수 있는 장소를 만들어야 합니다. 멤버 각자의 장소가 넓어지면 회사도 점점 영역이 넓어집니다. 매일 그렇게 할 수 있으면 즐겁지 않을까요.

어떤 정답에 접근하려고 일하면 어긋났을 때 힘들어집니다. 누가 정한 것도 아닌데, 빠른 쪽이 이긴다든가 큰 것에 가치가 있다고 믿어서 그렇죠. 건너편 강가에 있는 사람이 우리의 작은 배를 본다면 "어? 안 가고 그냥 떠 있네", "아니야. 1밀리미터 나아갔거든" 하는 상태일지도 몰라요. 그러나 거기서 일어나는 일이 대단히 밀도가 높거나 건너편에서 봐도 엄청난 열기를 내뿜는 회사를 만들고 싶어요. 그런 열기가 생기려면 모두가 각자의 자리에서 주체적으로 일해야 합니다. 그래서 저는 리더라기보다 배가 갈 곳을 가리키는 사람이에요. 곧장 최단 코스로 가는 것이 정석이라고 하지만, 여기저기 들르며 가도 좋다고 생각합니다.

무無가 되면 보이는 것

출판사는 세상에 뭔가를 발신하는 일이지만, 미시마 대표는 '내 표현 수단의 연장으로서 출판 일을 하는 건 슬프다'고 한다. 편집자나 출판인으로서 좋은 일을 하려면 자신을 최대한

'무無의 상태'로 만들어야 한다고 한다.

　수신과 발신 중에 발신만이 미디어라고 보기 쉬운데요. 출판은 어디까지나 매개체입니다. 먼저 작은 목소리와 다양한 현상을 감지해야 합니다. 출판에는 감지해서 '깊게 하는 힘'과 '널리 퍼트리기 위한 기술' 양쪽이 필요해요. 그때 '자신'이 방해가 됩니다. 에고와 허세가 있으면 쌍방에 괴리가 생깁니다. '자신'이라는 닫힌 세계에서 어떤 목소리가 들리는지, 얼마나 큰 관계 속에서 들리는지 파악해야 합니다. 일조일석一朝一夕으로는 할 수 없어요.

　그런 의미에서 매일 아침 아무도 안 보는 곳까지 청소하고 물 주는 일의 반복을 뭐 하나 소홀히 할 수가 없어요. 다시 말해 보이지 않는 먼지까지 신경 쓴다면, 일상 안에서도 보이지 않는 부분까지 신경 쓰게 됩니다. 또 그것은 제가 교토에 사무실을 두기로 판단을 하는 데도 직결됩니다. 행동할 수 있고 없고는 일상의 자세가 결정합니다. 자기도 모르게 몸이 움직이게 되지요. 늘 그렇게 하지는 못하지만, 매일 그런 자세로 일하고 싶어요.

　일이 막히거나 감각이 둔해졌을 때, 미시마 대표는 청소를 하면서 기본으로 돌아간다. 그렇게 마음을 가라앉히는 일부터 해 본다.

　기분 전환을 할 때는 밖으로 나가서 가모가와 주변을

걷거나 합니다. 늘 그런 식으로 하죠. PC 앞에 계속 앉아 있으면 알게 모르게 몸이 굳어서 울적해질 뿐이니까요. 밖으로 나가서 다 떨치고 옵니다. 잘 안 될 때도 있지만, 늘 주위로부터 뭔가를 느끼려는 자세가 있으면 몇 번이든 다시 가다듬을 수 있어요. 다른 멤버들도 마찬가지예요.

작은 증여경제 '모두의 미시매거진'

미시마샤에서는 2년 전부터 웹매거진 『모두의 미시매거진』을 매일 갱신하고 있다. 웹 연재는 출판사가 서적화를 위해 글을 모아 두면서 잡지 역할도 하는 중요한 미디어다. 대부분은 무료 제공을 위해 과금제나 스폰서 제도로 운영하고 있지만, 미시마샤는 어느 쪽도 아니다. 독자 회원의 회비로 공동 운영하는 서포터 제도라는 길을 택했다. 회원에게 매월 증정되는 비매품 『종이판 월간 미시매거진』의 제작은 제지사와 인쇄소의 협력으로 재료비, 인쇄비를 무상으로 하는 대신, 완성품이 어떤지, 받는 이에게 어떻게 전달되는지 알 기회가 없는 제조 현장에 회원들의 반응을 전달하고 있다. 제조 현장은 특수한 인쇄와 후가공을 테스트할 수 있는 '실험'의 장을 확보하고 독자도 다양한 인쇄 기술을 접할 기회를 얻는다. 미시마샤에서는 이 구조를 분단된 '생산자'와 '소비자'를 연결해서 순환시키는 '작은 증여경제'라고 부른다. 운영 3년째에 들어서면서 회원을 웹매거진뿐 아니라 미시마샤 전체의 출판 활동을 지지

하는 서포터로 자리 잡게 했다.

　서포터들의 성원을 받는 만큼, 책임도 무거워집니다. 각자의 활동을 미래로 이어지게 해야 합니다. 미시마샤에서는 재작년부터 지금까지 대학 졸업 예정자를 매년 한 명씩 채용했어요. 서포터 제도를 통한 활동을 세상에 알리려면, 차세대 출판인을 양성하는 일도 큰 의미가 있다고 생각해요. 근래에는 제 또래 편집자가 최연소이고 20대가 한 명도 없는 출판사도 있다고 들었어요. 대형 출판사조차 신입직원을 키울 능력이 없습니다. 서포터가 있는 이상, 저희가 채용한 초년생 세 명은 꼭 제 몫을 하는 직원으로 키우겠다는 사명감이 있습니다. 출판사에 취직해도 독자들 덕에 월급을 받는다고 실감하긴 어려울지도 몰라요. 독자를 단순히 업무 대상으로 받아들일 수도 있는데, 모든 것이 유기적으로 순환되어야 책을 만드는 작업도 성립됩니다. 그 순환이 잘되게 하고 싶어요. 서포터라는 '눈에 보이는 독자'의 기대에 답하는 일도 편집자의 성장으로 이어집니다. 서포터들에게는 제1독자라는 느낌뿐 아니라 차세대 출판을 향해 하나의 움직임을 짊어진다는 느낌을 주고 싶습니다.

　다음 단계인 큰 비전에 발을 내디디고자 할 때 협력자 없이는 움직일 수 없다. 미시마 대표는 미시매거진의 서포터를 '생산자', '소비자'라는 틀을 넘어 '같은 배를 탄 동지'로 본다. 서포터의 수는 2015년 5월 기준으로 약 300명. 큰 미디어에 비해

히트작 비주얼북

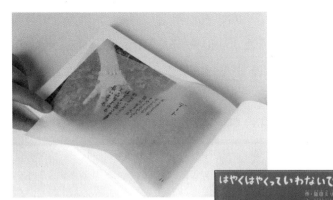

「투명인간 ↔ 재출발」
시 다니 이쿠오,
사진 아오야마 유키.
미시마샤 최초의 사진 시집. 반투명
종이와 불투명 종이가 번갈아
들어갔다. 기존 접지 방식에서
벗어난 제본법으로 제46회
제본장정콩쿠르경제산업대신상과
출판문화산업진흥재단상을 받았다.

「빨리빨리라고 말하지 마세요」
글 마스다 미리,
그림 히라사와 잇페이.
미시마샤 최초의 그림책이며
제58회 산케이아동출판문화상을
받았다.

「모두가 일등인 야옹이
올림픽」
글 마스다 미리,
그림 히라사와 잇페이,
표지 소부에 신(코즈
피쉬).
본문 용지의 상하
길이가 표지보다 짧아서
페이지를 넘길 때,
표지의 고양이들이
계속 응원한다.

작은 목소리일지도 모른다. 그러나 대중 매체가 독자 감소, 활자 이탈을 한탄하는 가운데, '좋은 책을 만들어 주길 바라'는 독자의 기대를 미시마샤는 매일 접하고 있다. 갈 길이 멀지만, '그런 성원에 계속 보답한다면 어렵지 않다'고 힘줘 말한다.

요즘 출판 유통은 서점 직원을 없애고 모든 걸 기계에 맡긴 뒤, 독자를 소비자로 보고 세대, 성별, 취미, 취향, 연수입에 따라 마케팅을 하는 시스템인데요. 거기엔 사람이 관여하지 않습니다. 효율적으로 하려고 하면 할수록 사람은 피폐해지죠. 믿을 수 있는 사람들이 업계에서 사라지는 현상을 막을 수 없어요. 젊은 편집자도 처음부터 "잘 팔릴 책을 만들어"라는 말을 숱하게 듣다가 가장 중요한 감성이 충분히 자라기 전에 '판다'라는 가치만을 위해서 일하는 로봇이 됩니다. 그런 악순환을 20년 정도 되풀이해 오다 지금 이렇게 된 거죠. 사람이 중심인 시스템을 새로 만들기 위해서라도 이런 악순환을 끊어야 앞으로 나아갈 수 있습니다. 지금 우리는 서포터 분들과 함께 작은 돌을 쌓아 올리는 상태입니다. 그래서 멀리서는 안 보일 겁니다. 빌딩만큼 커야겠지요. 하지만 매일 계속 쌓으면 어느 순간 바뀔 거예요. 물론 하루라도 손을 늦추면 그렇게 안 됩니다. "아, 뭔가 올라갔네" 하고 출판업계 여기저기에서 알아채면 우리도 힘이 날 겁니다. 더 올라가면 좋겠어요.

새로운 유통 시스템으로 첫발을 내딛다
『커피와 한 권』 시리즈

미시마샤가 생긴 지 10년 가까이 되는 동안, 서점도 다양해졌다. 책만으로는 수익이 부족해서 잡화와 의류 판매, 카페, 이벤트 개최 등 책에 관련된 문화를 함께 제공하면서 손님을 끄는 서점이 늘어났다. 서점들이 살아남기 위해 펼친 고육지책은 손님들에게 새로운 즐거움을 제공했지만, 미시마 대표는 출판사에 그것이 좋은 방향인지 의문을 품었다. 그래서 미시마샤에서는 서점과 출판사 쌍방이 공존할 수 있는 구조를 만들기 위해 2015년 5월부터 '커피와 한 권' 시리즈를 출간했다. 판매 조건은 공급률 60퍼센트 매절. 100쪽 내외로 커버가 없는 가뿐한 외형이었다. 첫 세 권은 모두 신인 작가의 작품으로 도전했다.

책의 반품률 40퍼센트, 서점의 이익 약 20퍼센트. 서점원은 책 이외의 상품을 팔아서 이익을 낼 수밖에 없는 상황입니다. 하지만 전처럼 서점이 책으로 먹고살 수 있게 하고 싶어요. 서점원은 세상 사람들이 생각하는 것 이상으로 전문적인 직업입니다. 그들의 안목이 있기에 서점에 들어가는 순간 두근거리게 하는, 그 서점에만 있는 책과 만날 수 있습니다. 그런데 책이 작품이 아니라 단순한 상품으로 소비되면 작가가 자랄 수 없어요. 작가가 글 쓰는 기계가 아니라 영혼을 가진 필자로서 얼마나 해 나갈 수 있는지는 큰

『사토 준코의 혼밥 나날』
사토 준코 지음

『투명의 기사棋士』
기타노 아라타 지음

『소리 내서 읽기 어려운 러시아인』
마쓰 쇼타로 지음

숙제입니다. '커피와 한 권' 시리즈는 소량 부수로 시작해서 서점 쪽에도 매입 단계부터 책임지게 하는 대신, 이익을 확실히 보장하는 시도입니다. 기존처럼 반품은 불가하지만, 서점의 이익은 40퍼센트까지 올라갑니다. '박리다매'와는 다른 시스템을 서점과 출판사가 하나가 되어서 진지하게 만들어 가야 합니다.

"해 본 적이 없는 일을 하기 전에는 누구나 공포심밖에 없다"고 말하는 미시마 대표. 미시마샤가 새로 내디딘 걸음에는 출판사가 '책 만들기를 전문적인 일로서 할 수 있는 세상을 유지하고 싶다'는 또 다른 희망이 담겨 있다.

사실 우리가 다른 일에서 번 돈으로 출판하는 상황이 되면 안 된다고 생각해요. 어떻게 해야 좋은 책이 될지 24시간 생각하는 사람과 그러지 않은 사람은 일의 질에 큰 차이가 납니다. 저는 출판 일을 하게 된 것을 아주 고맙게 여기고 있어요. 책과 함께한 인생과 그러지 않은 인생은 전혀 다릅니다. 비슷한 생각을 가진 사람이 젊은 세대에 있다면, 그런 사람들이 일할 자리를 늘리는 것이 제 책임입니다.

새로운 바다로

"우리도 5년 전에는 작은 출판사의 새로운 모델이 되고 싶었다"는 미시마 대표. '1인 출판사'라는 말이 꾸준히 알려지자 작은 출판사의 새로운 활동이 주목받게 되었다. 일본 전국에 작은 배가 많이 출항하면 좋겠다는 생각은 지금도 변함이 없다. 그러나 현재 미시마샤는 1인 출판사 수준을 넘어섰다. 물론 책에서 중요한 다양성과 적정 부수를 생각했을 때, '1인' 규모로 움직이는 편이 적합한 때도 있다. 그것과 별개로 '혼자서는 할 수 없는' 유통 시스템의 '순환'에 관해 회사 규모로 함께 생각할 동지를 업계 내에서 찾으려는 마음이 강해졌다.

어느 회사나 처음 5년은 자기 일하는 데만도 정신이 없을 거예요. 저도 그랬거든요. '1인'이면 책을 만드는 일은 할 수 있겠지만, 출판 활동에서 가장 중요한 '지속성'에서 한계에 부딪힙니다. 그 한계에 부딪힐 때가 다음 단계의 시작이라고 생각해요.

지금 시대는 힘든 것이 당연합니다. 선구자들이 쌓아 올린, 훌륭한 유통 시스템은 인구가 두 배로 늘어나던 시대에 만든 모델입니다. 인구가 자연 감소하는 초유의 사태에 돌입한 가운데, 나라와 지방의 형태도 점차 바뀌는 추세입니다. 출판publication이라는 말 그대로, 만인에게 공표한다는 의미를 책과 관련된 사람들이 함께 생각하고 미래를 바라봐야 하지 않을까요.

우리 세대는 앞으로 다음 세대를 위해 순환 시스템을 구축하는 일만 하고 아마 그 혜택을 보진 못할 거예요. 다음 세대가 우리처럼 책 관련 일을 할 수 있게 하려면 어떻게 다리를 놓아야 할까요. 앞으로 10년이 중요합니다. '좋은 책을 만드는 일'과 함께 '차세대 순환 시스템을 만드는 일'도 해야 합니다. 그것이 앞으로 출판 일을 하면서 실현해야 할 커다란 사명입니다.

그렇게 복잡한 일은 아닙니다. 지금은 선구자들이 만든 지반이 흔들리고 있는데, 가라앉는 발로 여러 가지 일을 하려다 보니 균형을 잡는 게 고작이에요. 이런 상황에서 본질적으로 재미있는 일을 한다거나 출판만으로 생활을 유지하는 것은 마치 곡예 같아요. 노력을 다른 쪽, 그러니까 자신의 두 발로 서는 일로 돌리면 됩니다. 앞에서 말한 "자신이 주체적으로 일할 자리를 만든다"에도 연결됩니다만, 각자 또는 각 출판사가 지금 그 일을 하려고 합니다. 업계 전체에는 이제부터가 시작이 아닐까요. 같은 곳을 바라보며 차세대 순환 시스템을 함께 만들려는 작은 출판사도 몇 곳

'출판'과 '지속'을 동의어, 차세대를 향해 지금 무엇을 할 수 있는가

있습니다. 그들과 자주 만나지는 못하지만, 멀리서 뭔가 하고 있다는 건 알겠어요. 분명히 그들이 생각하는 것과 우리가 생각하는 것도 전혀 다를 거예요. 다르더라도 일단 힘껏 공을 던져야만 길이 열립니다. 우리는 실천하는 사람들이기 때문에 계속 시도할 뿐이죠.

테이블 반대쪽에 앉았던 미시마 대표가 일어났다. '엄청난 에너지를 가진' 작은 배가 후미에서 넓은 바다로 나가는 모습이 보였다.

삶을 뒤흔드는
사진가들과의 만남.
충동의 연속으로
걸어온 길

아카아카샤 赤々社

히메노 기미

작가성이 강한 사진집은 현재 대형 출판사에서 가장 내기 어려운 분야에 속한다. 신인 사진가라면 더 허들이 높다. 그런 상황에서 아카아카샤는 연간 10권 이상의 사진집을 의욕적으로 출간하며 올해로 10년째를 맞았다. 올해는 오키나와의 신인 사진가 이시카와 류이치의 사진집을 두 권 연속으로 냈고, 사진계의 아쿠타가와상으로 알려진 제40회 기무라 이헤에 사진상을 공동수상했다. 작지만 일본의 사진문화를 지탱하는 최후의 보루라고 할 수 있다. 교토 시내에 있는 아파트의 방 한 칸에서 2006년에 창업했다. 그 뒤 도쿄로 옮겼다가 2013년 다시 교토로 돌아왔다. 히메노 기미 대표는 현재 직원 두 명을 둔 도쿄의 사무실과 교토의 작업장 두 곳을 오가며 일한다.

책 만들기는 무테카쓰류無手勝流 ●

　　교토에 돌아온 이유 중 하나는 동일본대지진이 났을 때 갓난아이가 있었기 때문에 환경을 생각해서였고, 다른 하나는 제가 원래 와카和歌(일본의 정형시)를 연구 중이었다는 이유가 컸어요. 우타마쿠라歌枕(와카의 소재가 된 각처의 명승지)라고 부르는 지명과 풍물이 있잖아요? 교토 거리를 걷다 보니 눈앞의 풍경과 와카에 나왔던 세계가 연결되었어요. 그곳에 담긴 시공을 매일 느끼면서 지내는 일이 저한텐 아주 중요했거든요. 시공을 넘거나 뒤섞는 게 가능해요. 시간의 퇴적이 느껴지는 장소라서 어떤 존재를 만든다든가 뭔가 새로운 것을 만들려는 의욕이나 흥미는 별로 없었어요. 그보다 원했던 것은 시간을 가로지르는 일이었어요.

　　편집 일을 처음 시작하게 된 건 대학원을 다니면서 고전문학을 연구할 무렵이었다. 당시 교토쇼인 출판사의 부장이었던 야스다 에이키를 술집에서 우연히 알게 되어 의기투합했다. 에세이 잡지 『석영』石英 일을 돕기로 했다. 시인 고이케 마사요, 요리연구가 고바야시 가쓰요, 현대조각가 후나코시 가쓰라 등 흥미가 있었던 사람에게 원고를 계속 의뢰했다. 그 뒤 예술서 편집을 맡았다. 촬영과 책 만드는 작업에 아무 경험도 없이 자기 생각대로 도전한 첫 작품집을 히메노 대표는 지금

● 병법이나 책략에 의존하지 않고 자기만의 방법으로 이기는 것.

도 무척 좋아한다고 한다.

처음엔 책 만드는 법을 다른 이에게 배운 게 아니라 편집부터 인쇄까지 직접 몸으로 부딪히고 현장에 있는 사람과 말을 주고받으면서 배웠어요. 그런 의미에서 저는 '무테카쓰류'라고 할까요.

후나코시 가쓰라 씨의 『물의 행방』은 야스다 씨가 만들어 보라고 권한 것이 계기였고, 모두 새로 찍은 사진으로 제작했습니다. 보통 작품집을 만들 때는 갤러리가 소유한 정면 사진을 빌리는데요. 조각의 경우는 입체이기 때문에 앞뒤에서 보기, 가까이 들여다보기, 눈만 보기 등 여러 각도로 볼 수 있어요. 저는 사진도 그런 식으로 찍고 싶다고 말했어요.

신작이 두세 개 만들어질 때마다 미술품 운송업체를 통해 스튜디오로 가져와서 각도와 조명을 바꿔서 한 컷씩 촬영했어요. 그런 일도 처음 겪었죠. 촬영할 때는 후나코시 씨가 계속 붙어 있었고, 아침부터 밤까지 일하며 1년을 보

『물의 행방』
후나코시 가쓰라 지음
교토쇼인

냈습니다. 사진 일은 너무 몰라서, 하얀 호리존트● 스튜디오에 신발을 신은 채로 올라갔더니 주위 사람들이 놀라더군요(웃음). 4×5가 잘 찍힌다고 하니까 뭔지도 모르고 "그렇군요"라고 말해 놓고, 속으론 '왜 잘 찍히는 거지?' 했어요. 하지만 당당하게 모른다고 말할 순 없으니까 책을 사서 열심히 집에서 조사했습니다. 사진작가가 친절해서 "이거 어때요?"라고 파인더를 보게 해 줬어요. 후나코시 씨가 "이렇게 좀 돌려 볼까?"라고 하면 작품의 표정이 바로 바뀌었습니다. 저는 잘 모르지만 나름대로 "아뇨, 좀 더 오른쪽이……"라고 응수하기도 했죠.

현재 일하는 모습에서는 상상하기 어려운 당시의 광경을 히메노 씨는 그리운 듯이 회상했다. 이미 완성된 조각품을 사진으로 다시 표현하는 일을 통해 "사진이 표현으로서 존재할 수 있음을 처음 알았다"고 한다. 사진집 만드는 일의 씨앗은 이때 뿌려진 것 같다. 그전까지는 사진에 별 생각이 없었다고 한다.

그림과 조각을 좋아해서 처음 선택한 책도 후나코시 씨의 작품집이었어요. 어린 시절을 오이타의 시골에서 보냈는데 집에 부모님이 마련한 『세계의 명화』, 『일본의 불상』 등 전집이 많았어요. 그걸 보는 게 너무 좋았답니다. 그

● Horizont. 바닥부터 천장까지 이음새 없이 만들어 놓은 촬영용 세트 벽면. 조명을 주면 무한 공간처럼 보이게 할 수도 있다.

런데 생각해 보면 『일본의 불상』도 사실 불상의 사진집이기도 해요. 물론 당시 그걸 의식하고 보진 않았지만요.

사진집의 편집은 그 사람의 생각과 취향 등 다양한 시점이 필요한데, 아마 누구나 할 수 있을 거예요. 『물의 행방』을 만들 때는 '나는 이 조각과 이렇게 마주 봤다'는 것이 솔직하게 드러났으면 했어요. 아주 솔직하게요.

상하이의 살아 있는 에너지

교토쇼인에서 2년 정도 잡지와 예술서 편집에 몸담았지만, 곧 대학에서 연구자로서 활동할 예정이었다. 자신도 그렇고 부모님을 비롯한 주변 사람들도 그걸 기정사실로 받아들였지만, 상하이에 가 보고는 그곳에서 한번 살아 보고 싶다는 생각이 문득 들었다. 히메노 대표는 충동적으로 대학을 떠났다. 당시 거품 성장기가 시작된 상하이에서는 거리 여기저기에 대나무 발판이 설치되고 고층빌딩이 금세 지어졌다. 돈벌이하러 나온 사람들과 자전거로 홍수를 이뤘다. 복잡하게 변모해 가는 거리의 공기에 몸을 맡기며 그곳에서 2년을 지냈다.

어릴 때부터 고전 문학과 와카, 시가에 빠져 있었기 때문에 연구는 좋아했지만, 대학이라는 곳에는 그다지 매력을 느끼지 못했어요. 당시의 상하이에서는 교통 신호가 제대로 안 지켜졌고, 길 한 번 건널 때도 '난 이 길을 건너겠

다'고 강한 의지를 주위에 내비치지 않으면 한 발자국도 나아갈 수 없었어요. 자전거도 차도 멈춰 주지 않았어요. '난 이렇게 할 거야' 하고 강한 의지로 행동하는 일은 일본에선 안 해도 되는 일이니까 처음에는 진짜 피곤했어요. 하지만 몇 번 다니다 보니 내가 여기서 산다면 어떨까 하는 생각이 들었습니다.

자신의 의지대로 행동하는 일의 소중함을 히메노 대표는 이때 무의식적으로 느꼈을지도 모른다. 빠르게 변모하는 지역에서 히메노 대표의 마음에 강한 인상을 남긴 것은 '사람들의 얼굴'이었다.

특히 농촌에서 도시로 돈벌이하러 온 사람들의 얼굴이 인상적이었어요. 무거운 옷장을 사면, 땀을 뻘뻘 흘리며 손수레로 날라다 줍니다. 주스를 건네면 아무 망설임도 없이 받아서 단숨에 마셔요. 그 눈에는 놀라울 정도로 강한 힘이 서려 있어요. 거기에는 욕망도 있었을 테고, 어떻게든 살려고 하는 강한 에너지를 느꼈습니다.

상하이에서 살기 위해 히메노 대표는 부동산 중개업을 시작했다. 역시 아무런 경험도 없었다. 매물을 가진 중국인 대표와 손을 잡고 현지에 늘고 있는 일본인 주재원과 그 부인을 상대로 가구 취향을 비롯해 여러 가지 요청 사항을 세심하게 듣고 중개했다. 직원도 몇 명 둘 정도로 나날이 번창했고 밤에는 영업을 위한 접대가 이어졌다. 일본인 고객을 많이 확보한 히메노 대표의 부동산 중개 회사는 평판이 좋아져서 부동산 개발업으로 확장하자는 얘기가 나왔다.

그렇게 되면 벌어들이는 액수가 커지지만, 전 그건 못 하겠다는 생각이 들었어요. 그때 저는 부동산 일 자체에 아무런 흥미가 없음을 새삼 깨달았습니다. 어떻게 할지 고민할 즈음, 근처에서 끔찍한 살인 사건이 일어났어요. 일본인과 중국인 사이의 비즈니스에서는 아무래도 금전 문제가 일어나기 쉽거든요. 일본에 돌아가려고 마음먹은 게 서른 살 때였어요.

그러니까 전 인간에게 흥미가 있어서 상하이에 간 거예요. ……그렇죠. 비즈니스는 아무래도 좋았어요.

사는 방식을 바꾼 두 권의 사진집

귀국했을 무렵, 교토쇼인의 야스다 씨는 독립해서 세이겐샤를 창업한 직후였다. 일손이 부족한 시기에 히메노 대표는 야스다 씨를 돕기 위해 세이겐샤에 다녔다. 그곳에서 현대작가의 예술서, 스키야 건축 등의 전통문화서, 교토 관련서 등 다시 책 만드는 일을 하며 10년을 보냈다. 당시 히메노 대표가 작업한 사진가 두 명의 데뷔작, 사나이 마사후미의 『살아 있다』, 오하시 진의 『눈앞의 연속』은 모두 사진계에 큰 반향을 일으

켰다. 그것이 현재 아카아카샤의 활동에 이어지는 진정한 의미의 '사진과의 만남'이었다고 한다.

사나이 씨는 여러 곳에서 출판을 거절당해서 일부러 교토까지 오신 것 같았어요. 『살아 있다』를 보고 일상의 흔한 광경이 사진이라는 눈을 통해서 보면 이렇게 되는구나 하고 충격을 받았습니다. 뭐랄까, 가령 가드레일이 뜻밖의 모습으로 보인다든가……. 사나이 씨에게서도 지금까지

『살아 있다』
사나이 마사후미 지음
세이겐샤

『눈앞의 연속』
오하시 진 지음
세이겐샤

만난 적이 없는 날카로움을 느꼈어요. 그게 사나이 씨의 첫 사진집이었죠. 이어서 낸 『눈앞의 연속』은 오하시 씨가 의붓아버지의 자살미수와 그 이후의 나날을 찍은 사진집이에요. 다큐멘터리라기보다는 한 집 안에서 아버지가 죽고 여자 친구와 헤어지는 일들이 부조리할 정도로 동시에 일어나면서 자신의 눈앞에서 흘러갑니다. 그렇게 흐르는 시간이 인상적이에요. 오하시 씨에게 상당한 영향을 받았습니다.

눈앞에 살아 있는, 비슷한 세대의 작가들과 소통하면서 제 삶을 뒤흔드는 리얼리티를 가진 작품과 만났어요. 그로 인해 사진의 세계에 깊이 빠져들었죠. 더구나 사진 자체가 위험한 날것의 느낌이 있었어요. 옳다 그르다, 좋다 나쁘다 등의 기준 이전에 뭔가 생명체 같은 혼란스러운 생생함. 그것에 선명하고 강렬한 인상을 받았어요.

이 두 책을 내고 나니, 제가 사진집을 만들 때와 다른 책을 만들 때 확연히 다르다는 것을 깨달았습니다. 마주 보는 상대가 살아 있는 작가인 경우, 몸에 오는 풍압이 달라요. 물론 충돌할 때도 있지만, 그걸 두려워하지 않고 작가와 호흡을 맞추고 싶습니다. 오늘을 사는 사진가들의 작품을 책으로 만들고 싶은 열망이 더 강해졌거든요.

그러나 현실은 이익으로 이어지기 어려웠다. 몇천 부 규모의 작은 시장에서 무명 사진가의 작품집을 세상에 내놓는 위험 부담을 감수하려면, 그것을 메울 수 있는 기반의 출판물도 다

수 필요하다. 일의 균형을 잡는 데 딜레마를 겪고 있던 히메노 대표에게 용기를 준 것은 스위스의 전설적인 출판사 스칼로 Scalo의 존재였다.

직원 다섯 명의 소규모 경영이면서도 연간 12–20권 베이스로 로버트 프랭크를 비롯한 세계 최고 사진가들의 질 높은 비주얼 도서를 출판하는 곳입니다. 사장 월터 켈러와 프랑크푸르트 도서전에서 만났을 때, 서로 작업한 사진집을 보여 주었어요.

정말 훌륭한 책을 많이 냈더군요. 그런데 그 책들을 사장 혼자서 만들었다는 사실을 알게 되었어요. 영업과 저작권 담당 직원은 따로 있지만, 책 만드는 일은 켈러 씨가 하나부터 열까지 혼자서 했어요. 그를 보니 작은 규모로 운영하면 이익이 잘 나지 않는 사진집이라도 활로는 있지 않을까 하는 생각이 들었습니다. 월터 켈러라는 한 인물의 안목만으로 저렇게 존재감 있는 책을 만든다는 사실에 감동했어요.

무릎 팔듯이 책을 팔면 된다고 생각했다

인생의 남은 시간 동안 앞으로 몇 권이나 만족스러운 책을 낼수 있을까. 마흔을 눈앞에 두고 히메노 대표는 특별한 계획도 없이 충동적으로 독립을 결심했다. 세이겐샤 야스다 사장의 도움으로 유통회사와 계약도 맺었다. 아카아카샤의 첫 작품은 조 미키의 『SEX』였다.

바닷물과 강물의 표정을 재현한 모노크롬 사진집이에요. 처음 하는 사람끼리 해 보려고 일부러 신인작가의 데뷔 작을 골랐어요. A3 크기의 세로로 긴 판형으로 생각보다 제작비가 많이 들었죠. 완성되었을 당시, 이 책을 무처럼 팔면 좋겠다고 생각했습니다. 일주일에 한 번 도쿄에 갈 때마다 책을 들고 영업했지만, 역시 무처럼 팔리진 않았어요. 3개월도 안 돼서 이거 망하겠구나 하고 가모가와에서 멍하게 있었어요.

다루는 책이 특수해서 어떻게 해야 할지 남에게 물어볼 수도 없었다. 지방에서 작가와 함께 이벤트를 궁리해 보기도 했지만, 그것도 돈이 든다. 머리를 감싸 쥔 히메노 대표 앞에 구세주가 나타났다.

『SEX』
조 미키 지음

『CHAMBER of CURIOSITIES』
사진 우에다 요시히코, 디자인 하라 . 겐야, 편저 니시노 요시아키

도쿄대학 종합연구박물관의 표본 컬렉션전 「CHAM-BER of CURIOSITIES」의 카탈로그를 만드는 일이었는데, 촬영은 우에다 요시히코 씨, 디자인은 하라 겐야 씨가 맡아 주셨어요. 대가 두 분이 만든 대작이고, 더구나 대학 내에서 판매할 수 있다는 이점도 있었죠. 우에다 씨는 아마 제가 독립했기 때문에 도와주려고 했던 것 같아요. 그래서 저도 "할게요! 합니다!"라고 기쁘게 받아들였죠. 하라 겐야 씨의 꼼꼼한 디자인에다 제본도 획기적인 시도를 했기 때문에 교토의 제본회사 직원분과 거의 매일 상의했어요. 정말 난이도가 높은 책이었죠. 만드는 것도 고생했지만, 완성되었을 때 제작비가 많이 나왔어요.

원하는 책의 모습이 명확해지자 예산이 없다고 완성도를 떨어뜨릴 순 없었습니다. 결국 저질러 버려서 망하는 줄 알았는데, 책이 화제가 되었어요. 단순히 사진의 매력뿐 아니라 오브제의 매력도 있어서 금세 다 팔렸습니다. 12,000엔짜리 책이어서 휴 하고 조금 안도했죠. 그렇게 운이 따라 주는 일이 되풀이되었습니다.

압도적으로 좋은 책을 만드는 일만이 미래로 이어진다

경영은 몇 번이나 궁지에 몰렸다. 당시 홈페이지 운영을 맡은 젊은 직원과 어떻게 해야 잘 팔 수 있을지 매일 얘기했다. "직

원이 오늘 일할 기분이 아니라고 가 버려서 술을 마셨죠"라고 지금은 웃으면서 말하지만, 아주 절망적인 기분에 빠지는 날이 때때로 있었다고 한다. 많이 만들어서 많이 팔면 좋겠지만, 히메노 대표가 아카아카샤를 창업한 뒤에도 사진집을 사는 독자층이 늘어난 건 아니었다.

현재 작가성이 강한 사진집을 내는 곳이 아카아카샤 포함해도 몇 군데뿐이잖아요. 실제로 독자층이 늘어났다면 상황이 이렇지 않았겠죠. 제가 운 좋게 이어 오면서 느낀 건 이 상황을 바로 바꿀 순 없다는 겁니다. 바로는요……. 이런 상황에서 우리가 믿을 건 작가의 힘이 담긴 사진집뿐이에요. 즉 잘 팔리느냐 안 팔리느냐보다 압도적으로 좋은 작품을 만드는 일만이 앞으로 우리가 가야 할 길을 밝혀 줄 겁니다. 창업하고 좀 지난 뒤에 든 생각입니다.

오카다 아쓰시의 『I am』, 시가 레이코의 『CANARY』로 2007년도 기무라 이헤에 사진상을 공동수상 한 것은 창업 2년째 되던 때였다. 이듬해 2008년에는 아사다 마사시의 『아사다 家』, 2007년에는 다카기 고즈에의 『MID』와 『GROUND』, 2012년에는 도도 아라타의 『대안』対岸이 수상에 빛났다. 그리고 2014년에는 우수활동을 한 출판사에 주는 제29회 아즈사회梓会 출판문화특별상을 받았다. 사진계에서 역사적으로 자리매김을 함과 동시에 업계 동향 등에 휘둘리지 않고 오직 좋은 작품을 내는 데 매진한 것이 세상에도 알려졌다.

사람은 사람에게 흥미가 있다. 그러나 가장
알기 어려운 것도 사람

사진에 찍힌 것이 그 사람에게 얼마나 절실한 존재인지, 그 사진이 인간에 관해 무엇을 생각하게 하는지가 저에겐 아주 중요합니다. 즉 사람은 사람에게 흥미가 있어요. 하지만 가장 알 수 없는 게 사람이에요. 아마 자기 자신도 잘 모를 거예요. 풍경을 찍더라도 뭔가 사람의 행위나 존재에 관해 상상의 나래를 펼치게 하는 사진이 있잖아요. 사진이 이 세계에 관해 뭔가를 가져옵니다. 잘 몰라도 됩니다. 지식이나 정보 획득이 아닌, 혼돈으로서 모르면 모르는 대로 끌리기도 합니다. 그리고 사진이 사회와 깊게 관련을 맺는 힘을 믿습니다. 전 특별한 감수성을 가진 사람이 아니기 때문에 제 마음을 움직이는 작품이라면 저처럼 그 작품을 원하는 사람이 또 있을 거예요. 그렇게 낙천적으로 생각한답니다. 제가 책을 만들면서 정직하게 선택한 작품이라면 분명히 호소하는 힘이 있을 겁니다.

히메노 대표의 일은 아카아카샤의 미래를 엮어 가면서 일본의 사진가들을 지탱하는 확실한 자장을 만들고 있다.

●아카아카샤 www.akaaka.com

제40회 기무라 이헤에 사진상 수상작

「절경의 폴리포니」
이시카와 류이치.

"이시카와 씨하고 싸움닭
사진 다음에 어떤 사진을
넣을지 얘기하던 중, 저는
직감적으로 아, 이거! 하고
레즈비언의 키스 사진을
들었어요. 그러고는 둘이서
막 웃었죠. 그게 딱 어울렸어요.
생존본능이랄지 충동이랄지,
두 사진이 내뿜는 기운은
같았어요. 우리 마음을
떨게 하는 건 절경이라고
생각해요." —히메노

「okinawan portraits 2010-2012」
이시카와 류이치.

"스냅과 포트레이트 쪽은
마구 찍어서 포획하는 식의
사진가가 많은데요. 이시카와
씨의 경우는 눈앞에 있는 것을
어디까지 받아들일지 생각해서
살아 있는 몸의 부드러움을
아주 잘 포착합니다. 처음에는
『절경의 폴리포니』만 낼
예정이었는데 구성하면서
왜 그가 이 스냅을 찍었는지
궁금했어요. 이 포트레이트가
앞에 있는 걸 보고 알았죠."
—히메노

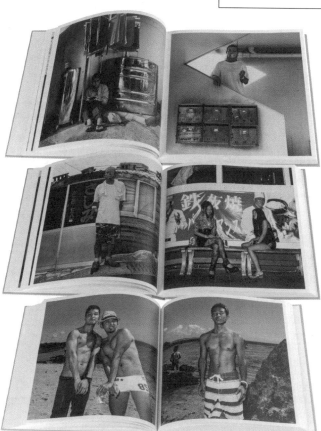

기무라 이헤에 사진상 수상작

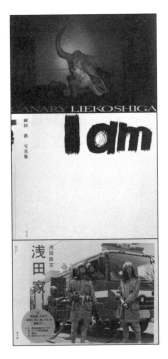

「CANARY」
시가 레이코, 2007

「I am」
오카다 아쓰시, 2007

「아사다 가家」
아사다 마사시, 2008

「GROUND」
다카기 고즈에, 2009

「MID」
다카기 고즈에, 2009

「대안」対岸
도도 아라타, 2012

책이 있는 세상과
책이 없는 세상의 사이를
여행하다

사우다지북스Saudade Books
아사노 다카오

아사노 다카오 대표는 한때 문화인류학 연구자를 지망했다. 일본에서 가장 멀리 떨어진 브라질의 오지를 여행했던 그는 2009년 창업한 회사 이름에 책을 향한 자신만의 관점을 담았다. 책이 없는 세상에서 만난 '또 하나의 지知.' 그것은 처음 방문한 세토우치의 섬에서 작은 출판사를 차리는 계기가 되었다. 지역의 기업과 협력해서 유기적인 관계를 쌓으면서 지속 가능한 출판사의 모델을 모색했다. 가가와 현의 데시마에서 아내와 딸과 함께 셋이서 지냈다. 사무실이 있는 쇼도시마의 도노쇼 항구에서 아사노 대표가 맞아 주었다.

세 명의 고로古老에게 이끌린 길

데시마에서 쇼도시마까지 배를 타고 다녀요. 이 차는 쇼도시마에 두고 데시마에 또 한 대가 있습니다. 그 차는 섬 주민에게 받은 겁니다. 논바닥에 방치되어 있길래 주십사 했더니 "네, 그래요" 하고 주시더군요. 처음 이곳에 온 게 2010년입니다. 데시마에 사는 분이 "여긴 고령화로 적적한 섬이니 당신 같은 사람이 오면 좋지"라고 하셔서 와도 괜찮겠다고 생각했어요. 그때가 동일본대지진 이후 앞으로 어떻게 살지 고민하던 시기였죠. 그 뒤, 1년에 몇 번 아내와 딸을 데리고 여행 겸해서 데시마에 왔다가 2년 뒤에 이사 왔습니다. 섬이나 전원생활을 특별히 원했던 건 아니었어요. 제 경우, 남들이 그저 말하는 대로 따르는 편이라 오게 된 거죠.

아사노 대표가 대학에서 문화인류학의 길을 간 것은 야마나시 현의 후지산 기슭에서 향토사와 민속학을 연구하던 외조부 (가야누마 히데오)의 영향이 컸다고 한다.

외할아버지 집에는 책과 고문서, 두루마리 말고도 샤미센三味線(일본 전통 현악기), 노멘能面(일본 전통 음악극에서 쓰는 가면), 인도네시아 가면 등 민구民具도 많이 있었어요. 그런데 제 어머니나 삼촌, 이모는 그런 것에 전혀 관심이 없었죠. 더럽다, 거슬린다, 가면이 많아서 기분 나쁘다며 꺼렸어요.

손자들도 다들 할아버지가 무슨 말 하는지 모르겠다고 했는데, 저만 할아버지를 좋아했어요. 알 수 없는 할아버지의 민속학 이야기를 재미있게 듣는 유일한 혈육이었죠.

초등학교 5학년 때, 할아버지가 "나중에 이거 읽어 봐라" 하고 책을 주셨어요. 민속학의 명저라고 알려진 미야모토 쓰네이치의 『잊힌 일본인』이었습니다. 그때 할아버지가 저에게 말씀하시길 "역사는 다케다 신겐 같은 유명한 위인만이 만든 게 아니고 교과서에도 실리지 않은, 이름 없는 사람들의 삶이 쌓여서 지금이 있는 거란다"라고 하셨죠. 하지만 그 책은 독서를 좋아하는 제가 읽어도 재미가 없었어요. 일본의 깊은 산속과 외딴섬에 사는 노인들의 말을 모아 기록한 책이었습니다. 미야모토 쓰네이치가 보고 들은 내용이 담담하게 기록되었을 뿐, 드라마가 전혀 없었어요. '그런 대단한 세계가 있구나'라고 생각한 건 먼 훗날이었죠. 다만, 할아버지에게서 그 책을 받을 때의 감촉과 해 주신 말씀은 기억에 선명하게 남아 있습니다.

외조부는 아사노 대표가 중학생 때 세상을 떴다. 대학 진학 후, 『잊힌 일본인』에 더해 프랑스의 문화인류학자 레비 스트로스의 『슬픈 열대』가 바이블이 되었다. 언젠가 먼 땅을 여행하며 문명사회에는 없는 또 하나의 지혜, 레비 스트로스가 말하는 '야생의 사고'와 만나고 싶었다. 물리적인 거리나 가치관이 일본과 가장 떨어진 곳으로 가고 싶었다. 그렇게 막연히 생각하던 때, 브라질 교환 학생 모집 공고를 본 아사노 대표는 바로 유학을 결정했다.

일본계 이민자들의 브라질 이주가 시작된 때는 1908년이었다. 아사노 대표가 갔던 2000년에는 전쟁 전에 부모를 따라서 브라질에 이민 온 1세대가 얼마 남지 않은 상황이었다. 이민 당시의 기억을 일본어로 기록할 수 있는 마지막 기회였기 때문에 여러 조사가 시급했다고 한다. 대학원 재적 중 3년간, 현지에서 일본계 이민자들의 필드 조사에 여념이 없던 중, 아사노 대표는 신비한 노인과 만난다.

브라질은 제가 심취했던 레비 스트로스에게 숙명 같은 땅이에요.『슬픈 열대』는 그가 젊을 때 브라질을 여행하면서 소수 민족의 사회와 신화에 관한 현지 조사를 반복하며 학문적인 자기 형성의 궤적을 성찰하는 기행문의 수작이죠. 브라질은 일본계 이민을 가장 많이 받은 나라였어요. 다문화 · 혼혈 사회에서 일본계 이민자와 그 자손들이 지금 어떻게 살고 있는지, 특히 일본에서 브라질로 건너간 이민 1세들이 떠도는 인생 속에서 어떤 세계관을 형성했는지를 연구 주제로 삼았습니다. 그들이야말로 '잊힌 일본인'이 아닐까 하고 생각했죠. 그 무렵 저는 '여행' 자체에 강한 관심이 있었습니다. 고향을 떠나 여행하는 것은 인간에게 무엇을 가져다줄까. 아마 저 자신이 전근을 자주 다니는 가정에서 자라서 고향이나 뿌리에 대한 감각이 없던 탓도 있었을 겁니다.

상파울루 주립 연구 기관에 적을 두면서 현지 조사를

위해 도시와 농촌의 일본계 공동체에 찾아갔습니다. 오지로 향할 때는 야간 고속버스로 8-10시간, 차로 갈아타고 다시 몇 시간 갔어요. 현지에서 오래 지낸 일본계가 있는지 묻고 다니다가, 그런 분을 찾으면 2주 정도 묵으면서 이야기를 들었습니다. 그렇게 여행을 반복하던 중, 왈테르 홈마라는 노인과 만났습니다.

　　그곳은 일본의 한계집락限界集落● 같은 마을로 십여 명의 일본계 노인들이 조용히 지내는 농장 공동체였습니다. 왈테르 씨는 말하자면 마을의 철학자 같은 존재였어요. 그의 부모는 그리스도교 쪽의 사회주의자 단체에 속해 있었고, 1920년대 브라질의 오지에 새로운 이상향을 만들고자 건너왔습니다. 그는 자신의 의지가 아니라 부모에게 이끌려서 브라질로 온 거죠. 일본계 이민자치고는 특이하게 브라질 현지의 포르투갈어를 유창하게 구사하는 사람이었죠. 당시의 일본계 이민자 중 대부분은 언젠가 일본에 돌아갈 생각이었기 때문에 포르투갈어를 열심히 배우지 않았어요. 왈테르 씨는 일본어 학교에 가지 않고, 어릴 때부터 주변의 브라질인이나 원주민인 인디오와 적극적으로 어울렸습니다. 일본과 브라질, 두 문화 사이에서 자기를 형성하는 길을 자발적으로 선택한, 별난 인물이었죠.

　　1980-1990년대, 세계 경제가 효율화의 일로를 걷자

● 고령화로 공동체로서의 기능이 급속히 쇠퇴해 소멸을 향해 가는 마을.

책이 있는 세상과 책이 없는 세상의 사이를 여행하다

농업이라는 노동이 많은 어려움에 직면했습니다. 그런 상황에서도 그들은 젖소를 기르고 유기재배에 뛰어드는 등 자신들의 방식을 고수했습니다. 우리가 브라질에서 사는 이유는 무엇인가. 어떻게 하면 더 행복한 사회를 만들 수 있을까. 예를 들면 외국인 이민자들은 토지를 소유하기 어려운데요. 그래서 농사를 크게 지을 수가 없죠. 대관절 토지란 누구의 소유물이냐고 묻습니다. 본디 인간은 이 지구상의 모든 토지를 자연으로부터 빌렸다는 사실을 더 배워야 하지 않는가 하고요. 오늘날의 환경 문제에도 연결되는, 날카로운 통찰을 책이 아닌 일상의 노동 속에서 배우고, 노동에서 온 말로 이야기합니다. 책을 살 돈도 없어요. 지갑은 그 공동체 안에서 하나뿐입니다. 연필 하나를 사는 데도 함께 논의해서 정하는 사회예요. 아주 검소하게 생활하더군요.

그는 세상의 시사 문제, 루소와 마르크스 등의 사회사상에도 강한 관심을 보였습니다. 마을의 상점 주인인 그가 준 일주일 치의 포르투갈어 신문을 샅샅이 읽고, 놀라운 기억력으로 흡수했습니다. 흙으로 더러워진 셔츠에 작업 바지, 여름에는 맨발에 샌들, 겨울에는 장화. 그런 복장에 까맣게 그을린 할아버지가 느닷없이 "오늘날 포스트모더니즘의 문제는⋯⋯"라며 난해한 말을 썼어요. 저도 놀랐지만, 공동체 사람들에게도 정체를 알 수 없는 존재였죠. "저 할아버지가 하는 말은 모르겠어"라고 불신하는 사람도 있었습니다. 그렇게 주위에서 고립된 노인의 말을 저만 재밌게 들었어요. 지금 생각하면 우리 외할아버지 때와 같군요.

왈테르 씨는 2개 국어를 구사할 수 있어서 지방 행정 담당자, 농업지사, 기자, 연구자 등을 안내하는 창구였다. 실제로 공동체 안과 밖을 잇는 역할을 담당했다. 그러나 아사노 대표는 "더 큰 의미로 보면 그는 두 개의 세상을 왕래했다"고 말한다. 일본계 사회와 브라질 사회. 농경 등 육체적인 경험을 쌓는 시간과 추상적인 사고를 깊게 하는 시간. "두 세상 사이를 자유자재로 왕래하는 진정한 여행자"라고 느꼈다고 한다.

처음에는 그에 관해 논문을 쓸 생각으로 태어난 해 같은 인적 사항을 물어보려고 했어요. 그런데 "그런 경찰 심문 같은 이야기엔 관심이 없어. 지금 이 자리에서 생각한 것을 당신과 공유하고 싶을 뿐이야"라고 단칼에 거부했어요. 불쾌하다고 말을 들으려고 하지 않았죠. 대관절 대학에

서 배운 정체성론 따위로 인간을 이해할 수 있느냐고 하면서요. 대화가 되지 않고 아침부터 밤까지 몇 시간 동안 오로지 '가르침'을 주입받는 상황이었습니다. 정좌하고 가만히 이야기만 들었어요. 70년 가까이 여행으로 살아온 사람의 압도적인 말에 고작 스무 살인 제가 맞설 수가 없었습니다. 그는 한 권의 책 같은 존재였거든요. 그의 이야기에 집중해서 귀를 기울였더니 제가 읽어 왔던 어떤 책에도 없는 진실의 페이지가 눈앞에서 펼쳐지는 것 같았습니다. 그때까지 저는 대학과 연구소 등 책에 둘러싸인 환경에 있었기 때문에 얼마나 효율적으로 대량의 지식에 접근하는지가 세상을 이해하는 기술의 핵심이라고 생각했어요. 많은 전문서로부터 얻은 개념과 정보로 눈앞에 있는 현실을 분석하고 나는 세상을 이야기하는 쪽에 있다고 생각했죠. 그런데 왈테르 씨와 만나면서 그때까지 제가 배운 상식들이 와르르 무너졌습니다. 책이 없는 세상에서 새로운 배움이 시작된 거죠. 한때는 연구자와 여권의 신분을 버리고 왈테르 씨와 함께 농사일하면서 공동체의 최후를 지켜보는 것도 좋겠다고 생각한 적도 있어요. 그 정도로 깊이 빠졌지만, 1년 정도 같이 지냈을 때 그가 허망하게 세상을 떴어요.

억누를 수 없는 상실감과 함께 학문에 깊은 의심이 생겼습니다. 필드 조사로 얻은 데이터를 도회지의 연구실로 가지고 가서 수치로 변환하여 연구 성과로 만드는 일에 얼마나 의미가 있을까. 저에게 중요한 것은 일본과 브라질 사이에서 망향의 심정에 젖으며 여정의 삶을 살아온 사람들의 기쁨과 슬픔. 한 발 밖으로 나가면 말도 안 통하는 다른 문화, 습관, 사고방식을 가진 사람들과 부딪히면서 자신들의 손으로 인생을 개척하는 일상에서 배어 나오는 '살기 위한 지혜'입니다. 아이들에게 일본인으로서 살라고 권해도 세대가 바뀌면서 브라질인과 결혼해서 혼혈인 자식을 두는 경우가 많아졌습니다. 처음엔 자포자기였지만, 함께 살아가면서 차이를 받아들이고 이국에서 담대하게 또 하나의 고향을 만들었습니다. 그런 일본계 이민자들의 삶에서 받은 감동을 빼고 현실에서 좋은 부분만 잘라서 자신의 학문적 권위를 얻기 위해 이용하는 게 과연 좋을까. 그런 지식은 그곳 사람들의 현실과는 동떨어진 것인데도 독선적인 용어로 해설하며 다 아는 것 같은 얼굴을 해도 될까. 책과 학문이 마치 악의 화신 같다는 생각마저 했습니다.

그러나 연구자 신분을 얻는 길을 바로 버리지는 못했다. 논문 준비를 위해 잠시 일본에 귀국했다가 결국 방대한 조사 자료를 모두 집 마당에서 태우고 대학원을 떠났다. 왈테르 씨가 타계하자 브라질에 돌아갈 이유도 사라졌다. 갈 곳 없이 떠돌던 아사노 대표 앞에 세 번째 고로古老가 나타났다. 아시아와 아프리카 등 세계 각지를 여행하고 차세대의 사상과 문화를 선도하며 1980년대 뉴아카데미즘의 토대를 만든 인류학자 야마구치 마사오였다. '책이 있는 세상'과 '책이 없는 세상'을 종횡무진 오가는 지知의 거인은 아사노 대표를 '책을 만드는' 길로 이끌었다.

당시 저는 고민하다가 갈 길을 잃어버렸어요. 그러나 책이 없는 세상에서 야생의 지식을 발견했다고 해서, 책으로 컸다고 할 수 있는 제가 금세 '책과 학문은 모른다'는 얼굴로 농부나 어부가 될 수는 없었어요. 그건 그것대로 무책임한 삶 같았거든요. 가족과 연구의 세계에서 행방을 감추고 오키나와와 아마미 주변을 방랑하다 1년이 지났을 때, 삿포로대학의 학장 임기를 마친 야마구치 마사오 선생님이 도쿄로 돌아오셨습니다. 제가 대학 때 가르침을 받은 인류학자 이마후쿠 류타 교수님의 스승이셨죠. 과거, 미디어의 총아로 각광을 받았던 시대는 지나서 추종자들이 거의 떠나간 뒤였습니다. 고령인 탓에 몸은 자유롭게 가누지 못하셨지만 머리는 여전히 고속 풀가동하고 계셨어요. 권위의 갑옷을 벗고 지적 호기심만이 남은 지知의 거인으로서 제 앞에 다시 나타났습니다. 제자가 될 생각으로 댁에 찾아갔더니 갑자기 "좋아. 자네, 내 밑에서 일하게" 하시더군요. 장기 입원하시기까지 1년 정도, 그곳에서 거의 살다시피 하며 지냈습니다.

야마구치 선생님은 아프리카 연구부터 문학, 영화, 연극, 음악, 최근과 과거에 읽은 책까지 기관총처럼 이야기하셨어요. 장서가 엄청나게 많아서 이른바 "책 오두막"이라고 했던 서재로 불려 가서 당시 흥미가 있는 책을 두고 대화했어요. 더없이 행복한 시간이었습니다. 하지만 뭔가 재미있는 반응을 보이지 않으면 "됐어. 너 집에 가!" 하고 금세 기분 상해 하셨어요. 사회적인 지위에서 해방된 야마구치 선생님은 지혜를 갖춘 노인과 천진난만한 아이가 동거한 '신화적 원형 유아'●가 재현된 사람 같았어요. 선생님의 방약무인傍若無人함을 참으면서 인생 수행을……(웃음). 제 진로를 걱정해서 출판사에 소개해 주셨고 그 덕분에 야마구치 선생님의 저서와 감수한 책을 편집하게 되었습니다. 결국, 출판 일은 제가 원한 게 아니고 스승님이 하라고 해서 한 셈이죠. 완전히 타력他力이었어요.

바닷가에서 얻은 영감

아사노 대표는 야마구치 마사오 씨가 타계하고 나서도 편집, 번역, 집필 등 출판 주변에서 일을 계속했다. 이대로 '책이 있는 세상'에 있어도 될지 고민하는 시기가 5년 정도 이어졌다.

매일 소를 돌보거나 작물을 키우며 손으로 생각하는 '야생의 앎.' 그것은 문자와 정보를 통해 머리로 생각하는 '문명의 앎'보다 훨씬 더 진실에 가깝다고 생각했고, 제 마음속에서 그 둘이 서로 충돌했습니다. 책에 관해 여러 생각을 하던 중, 물성을 드러내는 책의 구조를 모른다는 점을 깨닫고 제본 강좌를 들었어요. 종이를 자르고 접고 묶는 일을 손으로 직접 하며 책 한 권을 만들고 보니 관점이 바뀌

● 융 심리학에서 나오는 개념.

었습니다. 그전까지 책은 현실에서 진실만 빼내서 냉동 보관한다는 인상이 있었는데, 꼭 그렇지만도 않더군요. 편집과 교정 일도 노동자의 수작업 같은 측면이 있습니다. 종이, 끈, 잉크도 본디 자연으로부터 나온 것이죠. 형태가 없는 지식과 이야기는 종이처럼 구체적인 사물에 정착시켜야 비로소 많은 사람과 공유할 수 있습니다. 책의 절반은 머리로 만들지만, 절반은 손으로 만든다는 걸 느끼고서야 제 안에서 충돌했던 두 세상이 서로 이어지기 시작했습니다.

당시에는 가나가와 현의 미우라 반도에 살았어요. 멍하니 파도를 발에 맞으며 바다를 바라보다가 문득 어떤 이미지가 떠올랐습니다. 제 앞에 나타났다 사라진 세 분의 현자들이요. 멀리 저편에서 긴 여행을 하면서 사는 데 꼭 필요한 지식과 이야기를 가져다주었습니다. 큰 파도를 맞게 하고는 순간적으로 사라졌어요.

문득 바다는 책과 닮았다는 생각이 들었습니다. 파도는 바람에 넘겨지는 책장 같았어요. 사라진 파도의 페이지는 다시 만날 수 없지만, 수평선 저편에서 솟아나는 페이지는 끊이지 않습니다. 사라진 파도는 무엇을 전하려고 했을까. 끊임없이 다가오는 파도는 무엇을 가져왔을까. 영원히 잃어버린 것에 대한 아픔과 슬픔, 미지를 향한 희망과 동경. '사우다지'Saudade는 과거와 미래, 양극으로 향하는 먼 시공을 떠올릴 때, 브라질 사람들이 품는 특유의 감정을 나타내는 포르투갈어입니다. 그 말을 떠올리자 '책이 있는 세상'에서 '책이 없는 세상'으로 가 봤으니 이제는 '책을 만드는 세상'으로 가기로 마음먹게 되었어요. 내가 '책이 있는 세상'과 '책이 없는 세상'에서 받은 무형의 지식과 이야기를 사람들과 공유하는 그릇을 만들자. 출판사의 주제는 '여행'과 '기억'으로 하자. 저는 고향 없이 사는 방식에 왠지 불안과 외로움을 느끼기 시작했습니다. 그러나 브라질 여행은 제 삶에 더할 나위 없이 소중한 것을 주었습니다. 여행은 소박한 행복과 깊은 지혜를 만날 기회이기도 합니다. 가슴에 남는 외로움도 포함해서 여행의 기억에는 풍요로움이 있습니다.

지방 출판의 새로운 모델을 꿈꾸다

외주 편집 일을 같이 하며 사우다지북스라는 간판을 걸고 책을 만들기 시작했다. 가마쿠라에 거점을 둔 출판사, 미나토노히토에 판매를 맡겨서 『브라질로부터 멀리 떨어져서 1935-2000』, 『스톤타운 이야기』, 『시작되어라 코뿔소의 뿔 이야기』 세 권을 출판했다. 2009년부터 1년에 1권씩 내다가 동일본대지진 이후 2012년부터 세토우치로 옮겼다.

창업 당시에는 도쿄에 거점을 두고 운영했는데, '신념이 강한 1인 출판사' 식으로 주목받자 좀 위화감이 들더군요. 제 경우, 세상을 이야기하는 말을 잃어버렸다는 것이 출판을 시작한 동기였기 때문에 제 안이 아니라 밖에 있는 것에 흥미가 있었어요. 사우다지북스는 자기주장을 하거나 자신을 표현하기 위한 미디어가 아니거든요.

출판사 일이 도쿄에만 집중된 것도 마음에 걸렸어요. 업계 전체가 전부터 계속 힘든 상황이지만, 한편에선 도심의 새로운 소형 출판사, 개성 있는 서점과 북카페가 주목을 받기도 합니다. 아주 바람직하지만, 반면에 지방의 소형 출판사와 동네 서점은 점점 망해 갑니다. 특히 저는 향토사 연구가였던 아버지의 영향으로 지역 출판사의 수수하지만 질 높은 향토사 책을 읽고 자랐기 때문에 계속 마음에 걸렸어요. 출판과 문화의 융성은 다양성이 있어야 가능하다고 보는데, 도쿄에만 집중되는 게 과연 좋을까 하고요.

2010년에 데시마로 간 까닭은 왈테르 씨와 한 약속을 지키기 위해서였어요. 브라질의 오지에 있던 그의 농장은 데시마농민복음학교의 '입체농업'을 바탕으로 운영되었습니다. 브라질에 정기적으로 농업을 지도하러 갔던 창업자와 장기간 교류하며 그 사상을 깊이 배운 것이죠. 왈테르 씨가 자기는 이제 늙어서 일본에 못 가니까 데시마에 잠든 스승의 묘를 참배해 달라고 부탁했어요. 그 뒤로 섬사람들과 가족끼리 친해져서 이주를 생각하게 되었지요.

도쿄를 떠나면 외주 일은 곧 끊기리라 예상했습니다. 그래서 현지에서 부업을 찾았는데, 데시마 옆의 쇼도시마에서 올리브 화장품회사가 추진한 문화발신사업을 돕게 되었어요. 지방에서 출판으로 도전하려고 마음먹었을 때, 한 가지 정해 둔 원칙은 '나 혼자서 안 한다'는 겁니다. 사우다지북스에서 문예, 인문서, 논픽션 서적을 내려면 수익이 될

(여백 세로 글)
책이 있는 세상과 책이 없는 세상의 사이를 오합하다

다른 기반이 필요했어요. 우연히도 그 올리브 화장품회사는 소설가 우노 치요와의 인연으로 화장품 브랜드를 시작한 역사가 있고, 회장님이 문학에 조예가 깊은 분이었어요. 처음에는 그 회사의 지원을 받아 경영철학서와 기업홍보지 제작을 하면서 창업하기로 했죠. 그래서 이주해도 되겠구나 하는 전망이 보였습니다.

쇼도시마는 쓰보이 사카에가 쓴 불후의 명작 『스물네 개의 눈동자』를 비롯해 세계적인 문학 작품을 다수 배출한 '문예의 섬'입니다. 사우다지북스는 그런 문학적인 토양을 살린 출판사로서 재출발했어요. 시작은 오자키 호사이와 구로시마 덴지의 책이었습니다. 오자키 호사이는 쇼도시마에서 임종을 맞은 방랑 시인입니다. 구로시마 덴지는 쇼도시마에서 태어난 소설가죠. 두 분 다 오늘날엔 기억 속에 묻힌 문인들이지만, 훌륭한 작품을 남겼습니다. 표지 그림은 나카반 씨에게 의뢰했어요. 여행자이자 화가인데, 저와 거의 같은 시기에 도쿄에서 고향인 히로시마로 돌아왔습니다. 같은 세토우치 연고의 책을 만들 수 있어서 기뻤어요.

지방에서 출판과 인쇄 관련 일을 하는 것은 어려운 부분도 있지만, 제대로 하면 유지할 수 있다고 생각해요. 지방의 행정 기관과 기업, 각 섬의 관광 협회, 기타 단체가 내는 간행물 등, 제작 기술이 없어서 관동과 관서의 편집 프로덕션에 맡기던 일을 자기 지역에서 만들려는 수요가 있거든요. 역으로 도쿄의 출판사에서 여행 안내 책자에 쓸 콘텐츠를 의뢰하기도 해요. 지방에 있기 때문에 더 잘할 수 있는 일도 있습니다. 또한 세무 관계자 말에 따르면 가가와 현의 중소기업 광고비는 늘고 있다고 해요. 요즘은 신문이나 TV 광고가 별로 효과가 없어서 자사의 이념과 활동을 잘 전달하기 위해 수준 높고 스토리성이 있는 홍보지에 돈을 들이려는 기업도 있습니다. 저는 외부에서 온 사람이라서 현지인들이 익숙해서 놓치기 쉬운 고장의 매력을 파악하거나 발견할 수 있다고 봅니다. 도움이 되었으면 좋겠어요.

편집 프로덕션 일을 외주로 하면서 복수의 업무로 출판사 경영을 유지하는 고육지책도 무대가 바뀌면 시점이 크게 바뀐다. 타 지역에서 온 사람에게 현지 기업과의 협업은 지역의 묻힌 가치를 발굴하는 지름길이다. 이것이 다음 책의 기획으로 이어질 수도 있다. 생각해 보면 왈테르 씨가 사상의 원점으로 삼았던 데시마농민복음학교의 입체농업이란 벼농사에 편중된 농업을 재검토해서 산이 많은 지형과 땅의 기후를 활용하고 과수재배와 축산을 조합하여 생활의 지속을 가능케 한 순환형 농법이었다. 책이 없는 세상에서 얻은 선인의 지혜를 아사노 대표는 출판사 경영에 도입한 것이다.

시행착오 끝에 지금 형태에 이르렀습니다. 서적 출판만으로 운영하는 것은 중산간지역이나 외딴 섬에선 현실적이지 않겠지요. 보통, 출판사들은 해마다 출간 종수를 늘리는 걸 목표로 삼지만, 저는 그건 생각하지 않습니다. 역시 파는 데 시간이 걸려도 오래 읽히는 책을 만들고 싶어요.

瀬戸内海のスケッチ
黒島伝治作品集

山本善行 選

「세토우치 바다의 스케치
– 구로시마 덴지 작품집」
야마모토 요시유키 엮음

「'나 홀로'의 뒤에
– 오자키 호사이의 섬으로」
니시카와 마사루 지음

「一人」のうらに
尾崎放哉の島へ

西川 勝 著

표지는 쇼도시마의 저녁
바다와 황혼 때의 바다. 양면
컬러 인쇄이고 표지를 넘기면
아름다운 속표지가 숨어 있다.
"나카반 씨가 쇼도시마에 와서
황혼의 바다와 저녁 바다를
그려 주셨어요. 특별한 애착이
있습니다." ─아사노

기업 홍보지 「올리브 스카이」

하지만 언론에서 신문 서평이나 기사를 많이 써 줘도 지방이라 영업력이 약해서 초판 부수는 1,000-2,000부 정도가 고작이에요. 그래서 지역의 기업과 행정 기관, 기타 단체의 의도를 출판과 편집 기술로 표현하는 일과 병행합니다. 출판업에서 가장 중요한 '지속 가능'이라는 목표를 위해 다루는 일의 폭을 넓힌 셈이죠.

지금 지방의 인쇄 회사와 협동으로 운영해 온 향토서 출판사는 매출 하락과 후계자 부족으로 무너지고 있습니다. 향토서에 애착은 있지만, 기존의 지역 출판사와 협업한다든가 그 유산을 이어받겠다는 생각은 없어요. 차라리 다른 분야의 매체나 젊은이들과 함께 책을 만들고 싶습니다. 그런 의미에서 지방 출판의 새로운 형태를 만들어 가야겠다는 생각은 합니다.

책의 구매자는 20-40대가 압도적으로 많아요. 요즘 젊은이들은 책을 안 읽는다고 하지만, 나이가 들수록 책을 안 삽니다. 시간이 있으니까 가지고 있는 책을 다시 읽고, 책을 늘리지 않기 위해 도서관에서 빌려서 읽어요. 돈을 내서라도 책에서 뭔가를 배우려고 하는, 절박한 욕구를 가진 독자층은 역시 성장 중인 젊은 세대예요. 옛 문학을 왕년의 문학 팬 대상으로 만들면 비즈니스가 되지 않아요. 책을 파는 일을 생업으로 하는 이상, 젊은 세대를 정확히 겨냥해서 옛 지혜와 이야기를 새롭게 단장하고 의미를 부여해서 그 문맥과 제안을 확실히 전달해야 합니다.

젊은이의 마음에 닿는 책을 만들기 위해서도 이곳 출

신의 젊은 출판인이 많이 나왔으면 좋겠어요. 보통, 출판 일을 하고 싶으면 도쿄나 오사카로 가서 취직하는 것이 일반적인데요. 근근이라도 출판을 생업으로 지속하는 것을 보고 세토우치에서 '편집과 디자인을 해 보고 싶다', '고향에서도 일할 수 있다'고 생각하는 사람이 한 명이라도 나왔으면 좋겠습니다. 제 꿈은 세토우치의 고등학교에 구인 공고를 내서 사우다지북스에 채용하는 것입니다. 일정 기간 인턴으로 일을 겪게 해 보고 쌍방이 좋으면 채용하는 거죠. 인턴은 이미 세 명 뽑았어요. 아주 구체적인 목표죠.

또 하나 생각하는 것은 종이책의 다음 가능성이 무엇

이냐는 점입니다. 저는 디지털 미디어라고는 생각하지 않아요. 종이책을 읽는 시간은 누군가와 공유하기 어렵습니다. 타인이나 일상과의 경계가 끊겨야 혼자 있는 시간이 깊어지죠. 깊은 고독 속에서 지금 이곳이 아닌 다른 시공에서 나는 소리를 들을 수 있는, '끊겨야 연결되는' 미디어가 그 가능성이라고 생각해요. SNS처럼 '끊기지 않는 연결'을 위해 존재하는 디지털 미디어와는 소통의 역할이 전혀 다릅니다. 그래서 디지털 미디어로 모조리 바뀌진 않을 거라고 봐요.

거슬러 올라가면 동굴 벽화가 있던 구석기 시대부터 일관된 책의 역할은 기억 계승 미디어로서 사람들을 다른 시공으로 데려가는 일이었어요. 출판은 사양 산업이니까 세상에 필요가 없으면 형태가 바뀌는 것을 피할 수 없습니다. 그때 사우다지북스가 할 수 있는 일이 무엇인지는 아직 미지수입니다.

●사우다지북스 saudadebooks.jimdo.com

오키나와의
작은 출판사

오키나와에서 오키나와의 책을 팔다

신규 개업하는 나하의 서점으로 근무지를 이동한 뒤, 한동안 오키나와 책의 진열을 담당했다. 특히 이 지역의 출판사와 소통하는 데 여념이 없었다.

오키나와에는 출판사가 많다. 전후 부흥기부터 활동해 온 출판사가 있는가 하면, 한 권 내고 소식이 없는 곳도 있는데, 어느 날 갑자기 이름을 바꿔서 부활하기도 한다. 어떤 사정인지는 알 길이 없지만, 현재 오키나와의 서점에 한 권이라도 책이 진열된 이 지역 출판사가 50곳 이상은 될 것이다.

지역 출판사들이 으레 그렇듯이 오키나와의 출판사들은 다 작다. 1인 출판사도 흔하고 모체가 신문사나 인쇄소라도 출판부서는 몇 명밖에 없다. 보통, 오키나와 현의 서점과는 유통회사를 끼지 않고 직거래를 해서 주문하면 바로 보내 준다. 그렇게 자주 얼굴을 마주하는 사이, 방대한 오키나와 책들이 출판사 사람의 얼굴과 한 권씩 연결되었고, 각각의 특색도 보이기 시작했다.

자기가 만든 책을 느닷없이 가져오는 사람도 많았다. 저자라고 해야 할지 출판사라고 해야 할지. 자비 출판이 활발한 오키나와에서는 마음먹으면 누구나 책을 만들 수 있는 분위기다. 영리 목적은 전혀 없다. 공급률과 정산일에 관해 설명해도 "비치해 주면 아무래도 상관없어요"라는 식이다. 거래명세서를 써 본 적이 없다고 해서 근처 문방구에서 서식을 사서 같이 쓴 적도 있다.

당황스러운 일이 종종 있지만 오키나와 책을 오키나와에서 팔 수 있다는 사실이 기뻤다. 그래서 근무지도 이곳으로 옮겼다. 도쿄 서점에서 일할 때, 가끔 추천 도서로 진열했던 오키나와 책들은 너무나 자유롭고 다양해서 재미있었다. 그래서 오키나와에서 직접 팔면 더 재미있으리라 생각했다. 이윽고 나하에 새 지점이 생기게 되자 큰맘 먹고 근무지 이동 신청을 했다. 오키나와에는 간 적도 없거니와 친구도 없어서 믿을 것은 일을 통해 몇 번 말을 주고받은 현지 출판사 사람들뿐이었다.

그때부터 지금에 이르기까지 특히 '오키나와산 도서 네트워크'沖縄県産本NETWORK의 사람들에게 도움을 받았다. 이 지역 출판사의 뜻 있는 사람들이 1994년에 만든 조직이다. '오키나와산 도서'란 오키나와에서 만들어진 책을 말하며, 오키나와 밖에서 나온 오키나와 관련서와 구별하기 위해 만든 호칭이라고 한다. 2015년 기준으로 회원사는 23곳이다. 이곳에 고서점과 전자책 출판사까지 가입된 걸 보면 오키나와 출판사 사람들의 넓은 포용력을 알 수 있다.

오키나와산 도서라고 간단히 말해도 내용은 다양하다. 대학 교수가 낸 역사서, 오키나와 지역 라디오 프로그램에 보내온 사연들을 모은 책, 가정 연중행사 안내서, 오키나와 미군 기지 문제를 다룬 책 등이 있다. 전문서와 일반서도 구별 없이 오키나와산 도서라고 부른다. 출판사의 색깔이 달라도 함께 활동할 수 있는 까닭은 각사가 '오키나와산 도서', 나아가서는 '오키나와'에 긍지를 가졌기 때문이다. 단지 회사가 오키나와에 있다는 사실뿐 아니라 그곳에 뿌리내린 책을 만들기 때문에 '오키나와'를 내걸고 서점과 손님에게 호응을 유도할 수 있는 것이다.

오키나와산 도서 네트워크는 애초에 편집자와 작가의 술모임에서 시작되었다는 얘기를 듣고 놀랐다. 편집이 아니라 영업을 위한 모임이라고 생각했기 때문이다. 들어 보니 참가한 사람은 모두 책을 만드는 한편, 직접 서점에 가서 납품이나 정산도 하고 북페어나 이벤트도 기획하기 때문에 영업자로 보이는 게 당연했다. 오키나와에는 편집과 영업이 구분된 출판사가 거의 없었던 것이다.

월말에는 회원사들이 분담해서 서점을 찾아가 재고를 일일이 세서 정산한다. 각 서점의 월 매출을 자신의 눈으로 확인한다는 것은 책을 만드는 데도 영향을 끼칠 것이다. 오키나와의 출판사 사람이 "이 책 잘 팔린다"고 말할 때는 단지 인쇄 부수만 가지고 말하지 않는다. 모 서점의 순위에 올랐다든가 추가 주문을 받았다든가 하는 등 늘 현장의 이야기가 나온다.

자기가 만든 책이 어떻게 팔리는지 바로 느끼기 때문에 오키나와의 출판사는 독자에게 꼭 필요한 책을 만들어 온 것이 아닐까. 오키나와산 도서의 80퍼센트 이상은 오키나와 내에서 팔린다고 한다. 만드는 이와 파는 이, 사는 이가 모두 가까이 있고 때로는 역할이 바뀌기도 한다.

오키나와의 출판사가 책을 입고시키는 곳은 신간 서점만이 아니다. 오키나와 내의 헌책방에도 적극적으로 영업하고 관광시설, 역, 매점, 레스토랑에까지 수고를 마다하지 않고 납품한다. 이런 일이 가능한 까닭은 역시 '오키나와'라는 키워드 덕이다. 오키나와에 관해 쓰인 책이기 때문에 서점이 아닌 곳에서도 팔린다. 신간 서점과 헌책방, 매점 등 오키나와의 출판사들은 갖가지 울타리를 넘어 네트워크를 넓혀 간다.

작아도 멀리까지 보내려는 힘

나는 지금 나하에서 헌책방을 운영하고 있다. 신간 서점을 그만두고 무모하게도 헌책방을 시작하려고 마음먹었을 때, 오키나와의 출판사 사람들은 앞으로도 내 편이 되어 주리라 기대했다. 내가 신간 서점 직원이든 헌책방 주인이든 변함없이 대해 주리라고. 오키나와에 왔을 때와 마찬가지로 멋대로 의지했고 생각한 대로 도움을 받고 있다.

그중 하나인 오키나와분카샤 출판사 담당자는 내가 헌책방을 열자 바로 와서 잘 팔리는 신간을 입고했다.

"난잔샤에서 나온 이 책도 놔 보면 어때요?"라고 권하자, '왜 다른 출판사 책을?' 하고 의아하게 여겼지만, 생각해 보니 그랬다. '일본 최남단의 출판사'로서 알려진 이시가

키 섬의 난잔샤는 나하에 있는 오키나와분카샤에 오키나와 본도 내의 유통을 위탁하고 있었다. 처음 알았을 때는 출판사끼리 그런 관계가 가능하구나 하고 감탄했다. 오키나와분카샤는 가족 경영의 출판사인데 인원에 여유가 있지는 않다. 왜 다른 출판사 책까지 맡아 주는지 물어봤다.

"우리 회사 책만 취급하면 답답한 느낌이 있는데 난잔샤 주문도 받으면 서점에 갈 기회도 늘고 서로 메리트가 있어요."

그리고 오키나와분카샤는 류큐 프로젝트라는 유통회사에 오키나와 밖의 유통을 위탁했다. 류큐 프로젝트는 신문사와 출판사를 겸하고 있는 류큐신보샤 계열의 유통회사이면서도 계열사 이외의 책과 자비 출판 책까지 다양하게 취급한다.

모두 작고 중심지에서 떨어진 곳에 있기 때문에 서로 힘을 합쳐 멀리까지 책을 유통하려고 한다. 비록 상대가 라이벌이라도 손해 본다고 여기지 않는다.

나는 헌책방을 시작할 때, 늘 "혼자 하고 있다"고 말했다. 혼자가 아닌 헌책방이 부러웠다. 가게를 교대로 볼 수 있으니 도서 매입이나 이벤트를 할 때 마음 편히 갈 수 있고, 육체노동도 분담할 수 있으며 이야기를 나눌 수 있어서

적적하지 않다.

그런데 하다 보니 신경 쓰지 않게 되었다. 혼자라서 할 수 있는 일도 있고, 둘이어서 할 수 있는 일도 있다. 물론 그 반대의 경우도 있다. 그리고 주위 사람들이 도와줘서 정말로 혼자서는 할 수 없는 일까지 많이 할 수 있었다. 모두 1인 출판사와 2인 헌책방인데도 자기 일처럼 마음 써 주셨다.

이렇게 지역의 출판사와 서점 사람들과 함께 일을 할 수 있는 것은 나에게 무엇보다 행복한 일이다. 앞으로도 오키나와의 출판사가 지속할 수 있도록 미력하지만 오키나와 책을 계속 팔고 싶다.

우다 도모코
1980년 가나가와 현 출생. 준쿠도 서점의 이케부쿠로 본점 근무 후, 2009년에 새로 연 나하 지점으로 이동했다. 2011년 준쿠도를 그만두고 '시장의 헌책방 울랄라'를 열었다. 저서에는 『오키나와에서 헌책방을 열었습니다』, 『서점이 되고 싶다, 이 섬의 책을 팔다』
urarabooks.ti-da.net

기적의 출판사
인도의 타라북스

남인도의 벵갈 만에 면한 도시, 첸나이에 타라북스Tara
Books라는 출판사가 있다. 지타 울프 대표가 중심이 되어 운
영하는 소형 출판사다. 이 출판사가 전 세계의 책 애호가들
사이에서 큰 화제를 불러일으키고 있다.

이 출판사 얘기는 전부터 들은 적이 있지만, 확실히 인
식한 것은 2007년 이탈리아 볼로냐의 국제아동도서전을
방문했을 때였다. 그곳에서 타라북스가 출판한『The Night
Life of Trees』라는 놀라운 그림책과 만났다. 그 그림책에
는 인도 중부 출신의 곤드족 예술가들이 그린 신비한 나무
가 있었다. 나무는 밤이 되면 본래의 모습을 드러낸다고 한
다. 신화적인 세계가 검게 칠해진 페이지 안에서 펼쳐졌다.

이 그림책이 모두 수작업이란 것을 알았을 때, 그 놀
라움을 잊을 수 없다. 모래알을 만지는 듯한 감촉의 검정색
본문 종이는 면화 찌꺼기와 재생지를 섞어서 만든 수제 종

이라고 한다. 인쇄는 손수 찍어 낸 실크 스크린, 제본도 손바느질이었다. 마치 공예품 같은 그림책이다. 상업 출판물에서는 생각할 수 없는 방식이다.

이 기적 같은 훌륭한 그림책을 만난 뒤, 이 그림책을 꼭 일본어판으로 보고 싶었다. 일본에서 판권 문의가 없었다는 걸 알고 출판사 몇 곳에 일본어판을 내자고 제안했다. 그러나 결과는 좋지 않았다. 대단한 책이라는 감상과는 반대로 출판은 어렵다는 반응이 돌아왔다. 인도에서 제작한다는 점도 주저하게 하는 요인이었다. 어떻게 팔아야 할지 모르겠다는 우려도 있었던 것 같다. 쉽게 말해 위험 부담을 감수하고 싶지 않다는 애기였다.

그렇다면 내가 직접 출판하겠다고 무모한 생각을 한 것은 그만한 가치가 이 책에 있다고 확신했기 때문이다. 그때는 단순히 '내 눈으로 일본어판을 보고 싶다, 손에 쥐고 싶다'는 생각뿐이었지만 지금 와서 돌이켜 보면 그렇다.

타라북스는 내 제안에 호의적인 반응을 보였다. 그리고 『밤의 나무』夜の木라는 제목으로 일본어판이 완성된 것은 볼로냐에서의 만남 이후 5년 뒤였다.●

● 한국어판은 『나무들의 밤』(보림, 2012)으로 출간되었다.

자, 타라북스는 대관절 어떤 출판사일까? 지타 울프는 어떤 인물일까? 그리고 핸드메이드북이라고 부르는 수제 그림책은 어떻게 제작될까? 거기에는 앞으로의 출판을 생각하는 데 어떤 커다란 힌트가 있지 않을까.

『The Night Life of Trees』를 일본에서 출판한 지 반년 뒤, 제작 현장을 꼭 보고 싶어서 남인도의 타라북스를 향해 떠났다.

첸나이라는 곳은 과거 마드라스라고 불렸던 남인도의 유서 깊은 도시이며 지금은 자동차산업과 IT기업 등의 진출로 크게 변모하고 있다. 타라북스의 사무실은 도시의 중심에서 조금 떨어진 바닷가 가까이에 있었다.

그 시원한 디자인의 아름다운 건물을 봤을 때, 일단 이 출판사의 남다른 감각에 감탄했다. 그들이 북 빌딩이라고 부르는 이 건물이 완성된 것은 2012년이었다. 출판사 사무실이라기보다 출판을 주축으로 활력 넘치는 활동을 펼치는 거점이다. 작가와 화가가 함께 독특한 기획을 궁리하는 장소이며 사람들이 모이는 지역의 중심이기도 하다. 어떤 의미에서는 출판사의 이상적인 형태 중 하나일지도 모른다.

입구에 들어서자 자사 출판물의 쇼룸 겸 매장이 있었고, 그 안에는 워크숍과 강연회, 전시회를 할 수 있는 공간

지타 대표(왼쪽)와 제작 책임자 아르무가무 씨(오른쪽)

이 있었다. 그곳에서 곤드족의 대표적인 아티스트 바주 샴이 그린 거대한 나무 벽화가 우리를 맞이했다. 마을 중심에 있는 나무 밑에 사람들과 동물들이 다 모이는 이미지로 보였다. 책을 출판할 뿐 아니라 그 지역의 사람들과 아이들에게 직접 문화를 전달하는 일은 의미가 크다. 인도 땅에서는 그 일이 일본에서와는 비교할 수 없을 정도로 중요하다. 건물 위층에는 게스트룸이 있었다. 그곳에서 예술가들이 장기간 머물며 함께 그림책을 만들기도 한단다. 부럽기 그지없다.

지타 씨는 독일 대학에서 비교 문학을 가르쳤지만, 인도로 돌아온 뒤, 친구들의 권유로 출판을 시작했다. 1994년이었다. 동료들은 학자, 작가, 디자이너 등이었다. 타라북스의 출발점은 말하자면 크리에이터들의 공동체 같은 것이었다. 지타 본인도 작가이며 몇 가지 저작물이 있다.

지타 씨가 먼저 아동서를 출판하려고 한 까닭은 자기 아이가 읽을 만한 책이 인도에는 없었기 때문이라고 한다.

교훈적인 내용의 질 낮은 책밖에 없었다. 그러나 당시 인도에서 고품질의 아동서를 출판하기란 실로 어려운 일이었다. 업계에서 이해받지 못해서 영업도 힘들고 높은 제작비에 고민해야 했을 나날이 쉽게 상상이 갔다. 그래도 책을 만드는 과정에서 결코 타협하지 않았다. 지타와 동료들의 높은 뜻에 감동했다.

타라북스의 독특한 시점으로 완성한 그림책은 곧 국제적으로 높은 평가를 받았다. 어린이 대상의 그림책과 읽기물, 예술서 등 여러 가지 장르에서 매력적인 출판과 활동을 이어나가고 있다. 그중에서도 가장 주목받은 것은 핸드메이드북, 즉 수작업으로 만든 그림책 시리즈였다. 볼로냐에서 본 그 그림책이다.

그 제작 현장을 직접 가 보았다. 첸나이의 교외에 있는 공방에서는 15명 정도의 젊은 제작자들이 묵묵히 인쇄 작업을 하고 있었다. 창가에서 들어오는 빛 아래서 한 장 한 장 신중하게 확인하면서 손으로 작업했다. 주위에는 잉크 냄새가 감돌았다. 그 모습은 감동적이었다. 일본어판 『밤의 나무』가 2쇄를 인쇄했을 무렵이었다.

인도의 여러 민족에 전해지는 전통문화에는 매력적인 것이 많다. 특히 곤드, 미티라, 왈리 등의 민족 회화는 원래

타라북스 자동차

1층 실내의 파티오 벽면에 그린 거대 나무 벽화

(위) 퐁디셰리의 제지 공방에서
손으로 종이를 뜨는 모습.
타라북스는 전에 이 공방에서
종이를 받았다.
(아래) 공방 안에서 실크스크린
인쇄를 하는 모습

『밤의 나무』
바주 샴, 두르가 바이,
람 싱 우르베티 지음.
아오키 게이토 옮김.
1쇄부터 4쇄까지 매번
표지의 그림을 바꾸고
있다. 4쇄는 연두색 표지.

집의 토벽 등에 그려진 것이었지만, 조형적인 면에서도 현대적인 참신함과 재미가 있다. 거기에는 무엇보다 자연과 공생하는 생활 방식이 느껴진다. 타라북스는 여러 민족의 화가들과 공동 작업으로 그림책을 만든다. 각각의 전통 문화에 뿌리를 둔 세계를 그림책의 형태로 새롭게 전달하고 있다. 지방의 문화라도 끝까지 파고들면 그것이 보편성을 가지게 되는, 훌륭한 실례가 이곳에 있다.

타라북스의 또 다른 특징은 국제성이다. 지타는 국경, 인종, 언어, 종교, 문화 등의 벽을 넘어 재미있다고 느끼는 것을 적극적으로 반영하는 것 같다. 인도 국내뿐 아니라 해외 작가나 화가들과 교류하면서 때로는 공동 작업으로 책을 만든다. 타라북스는 열린 곳이다.

2012년 초여름, 일본어판 『밤의 나무』의 1쇄 1,000부가 남인도의 첸나이 항에서 선적되어 먼 도쿄 항에 도착했을 때의 감동은 각별했다. 자, 이걸 어떻게 팔면 좋을까. 아무것도 생각한 게 없었다. 될 대로 되라, 어떻게 되겠지. 더듬더듬 시작한 출판이지만, 무엇보다 기뻤던 것은 이 그림책을 구입한 분들로부터 많은 편지를 받은 점이었다. "이 책을 일본에서 출판해 주셔서 감사합니다", "제 보물입니다." 이런 독자의 목소리에 힘을 받아 『밤의 나무』는 증쇄를 거듭했다.

　당초 출판을 생각하지 않았지만, 다무라도タムラ堂라는 회사명으로 『밤의 나무』 일본어판을 출판한 이후, 큰맘 먹고 『눈이 내리고 있다』라는 작은 책을 발행했다. 이 책은 미국의 아티스트이자 그림책 작가인 레미 찰립의 그림 없는 '그림책'이다. 아무것도 없는 하얀 페이지에 짧은 문장만을 실어서 상상하며 읽는 책이다. 아주 대담한 발상의 책이라고 할 수 있다. 일본어판은 부드러운 용지, 활판(아연볼록판) 인쇄, 수제 제본 등을 활용하여 만듦새에 신경을 썼다.

　이 책은 원래 미국에서 1983년에 출판되었지만, 금방 절판되었다. 그런데 파리의 작은 출판사 레 트루아 우르스 les trois ours('곰 세 마리'라는 뜻)가 2000년에 프랑스어판을 세상에 선보였다. 기쁘고 놀라웠다. 아동도서관 직원이었던 세 여성이 만든 레 트루아 우르스는 전시회 등을 통해 책의 매력을 전하는 활동을 하고 있다. 놀랍게도 타라북스와 가까운 사이였다. 여러 접점이 보여서 세계가 단숨에 작아졌다.

　세상에는 소규모이면서도 재미있는 출판 활동을 하는 사람들이 있다. 많은 출판사가 대기업 산하로 흡수되어 옛날처럼 대담하고 매력적인 책을 출판하기 어려워졌다는 얘기도 있지만, 출판의 가능성을 아슬아슬한 부분까지 추구

『눈이 내리고 있다』
레미 찰립 지음
아오키 게이토 옮김

해서 독자적인 길을 개척하는 소형 출판사도 분명 있다. 타라북스는 그런 출판사의 '별'('타라'는 힌디어로 '별'을 뜻함)이라고 할 수 있다.

다무라 미노루
1949년 도쿄 출생. 아동서 출판사를 거쳐 2012년 다무라도를 창업했다. 출판, 갤러리 전시 기획 등을 중심으로 활동하고 있다. 2015년 가을에는 인도 핸드메이드 그림책의 두 번째 작품인 『세계의 시작』(그림 바주 샴, 글 지타 울프, 번역 아이키 게이토)을 발행했다.
www.tamura-do.com

3

믿는 「재미」를 꿰뚫다

가족을 책임지다.

모든 것이

현재와

이어진다

유메아루샤ゆめある舍

다니카와 메구미

언젠가부터 작은 북카페와 잡화점 등 분위기가 좋은 가게에서 늘 눈에 띄는 아름다운 책 한 권이 있다. 제목은 『선은 노래한 다』, 시는 다니카와 슌타로, 그림은 염색과 표지 그림 작업을 하는 모치즈키 미치아키이다. 두근거리는 가슴을 달래며 책값을 보니 생각보다 비싸지 않았다. 선물용으로도 딱 좋다.

다니카와 메구미 대표는 평소에는 음악가 남편 다니카와 겐사쿠의 매니지먼트 사무실에서 일한다. 두 아이를 키운 어머니이고, 시인 다니카와 슌타로의 며느리이기도 하다. 2013년 출판사 창업을 결심했을 때, 처음 동원된 사람은 시아버지 슌타로 씨였다. 표지 악보는 남편 겐사쿠가 썼고, 회사명은 딸과 아들의 이름에서 따왔으며, 블로그의 사진 촬영에는 사위인 사진가 준까지 동원되었다. 다니카와 가문 초유의 가족 총동원, 가내 공업의 내막은 무엇일까!?

생각과 동시에 일직선으로

요즘 작은 출판사에 관한 취재 기사가 자주 나오는데요. 저는 그런 기사를 읽는 사람이었습니다. 시마다 준이치로의 『내일부터 출판사』라는 책이 있죠? 주위 사람들이 저에게 "메구미 씨는 『오늘부터 출판사』 책 내지 그래?"라고 하더군요. 그만큼 절박한 심정으로 주변 사람들을 끌어들였고, 사실 아무것도 모르고 일을 벌였거든요.

창업을 생각한 계기가 있다. 겐사쿠 씨의 악보집 『노래를 사랑해서』를 제작할 때, 팬으로서 열렬히 좋아했던 모치즈키 미치아키 씨에게 표지 그림을 의뢰했더니 61장의 그림을 보내왔다.

가슴 졸이며 의뢰했는데 흔쾌히 승낙해 주셨어요. 그런데 한동안 연락이 오지 않아서 걱정했죠. 그러다 모치즈키 씨가 전화로 "저, 계속 그리고 또 그렸어요. 메구미 씨 마음대로 쓰세요"라고 하시더군요. 신칸센을 타고 가는 동안 그렸다며 스케치북 한 권 분량의 그림이 도착했습니다. 표지 그림 한 장을 위해 61장이나 그려 주셨어요. 나머지 60장의 그림도 너무 훌륭해서 표지가 결정된 뒤에도 마음에 걸렸습니다. 스케치북을 계속 들여다봤죠.

'여기에 아버님(순타로)의 시가 들어가면 좋겠다'며 꿈에 부풀었다. 이제부터는 '우리 집안의 강점'을 살려야겠다고 생각했다. 그러나 상대는 국민 시인이다. 며느리와 시아버지라는 관계를 생각하면 아무 연이 없는 것보다 오히려 허들이 높아 보인다.

처음에는 책을 위해 새로 써 달라고 하겠다는 뻔뻔한 의도는 없었어요. 아버님의 시에는 음악적인 작품이 많으니까 그중에서 몇 개를 골라 그림과 함께 싣겠다고 부탁할 생각이었죠. 그런데 아버님까지 "이미 다 썼다"고 나오시니 일이 커졌어요. 보내 주신 글은 그림 하나하나에 말을 맞춘, 확고한 작품이었습니다. '아, 천재란 이런 거구나'라고 실감했어요. 부탁한 것이 그냥 돌아오는 게 아니라 예상보다 더 크게 돌아와서 '다니카와 집안의 며느리라서 좋구나'라는 생각과 함께 '책을 제대로 만들어야겠다'는 강한 책임감이 생겼습니다. 그것이 출판사를 차리는 원동력이 되기도 했지요.

악보집 「노래를 사랑해서
다니카와 슌타로와 다니카와
겐사쿠 노래책」
시 다니카와 슌타로,
작곡 다니카와 겐사쿠,
출간 온가쿠노토모샤

기획 당시에는 출판사에 가져갈 생각이었는데, 책의 이미지가 점점 강해졌다. 끝까지 자기 손으로 하고 싶었다. 욕구가 강해지자 그 기세로 슌타로의 원고가 도착한 지 이틀 뒤 디자인을 의뢰했다. 디자이너 오니시 다카스케(direction Q)는 직접 안면이 있는 사이는 아니었지만, 딸이 아는 사람이었다. 그다음 날에는 제본소 미스즈도의 가미지마 아키코 씨와 만났다. 여동생의 친구였다. 의뢰를 받은 가미지마 씨는 미스즈도 회장을 비롯한 공장 직원 전원에게 "무슨 일이 있어도, 무리해서라도 하고 싶다"고 말했다고 한다. 메구미 대표의 열의는 가미지마 씨의 마음을 움직였고 그것은 제본 현장 구석구석까지 공유되었다.

당시 쓴 블로그 글을 다시 읽어 봤더니 누구든 이렇게 뜨거운 열의로 부탁받으면 싫다고 할 수 없을 것 같아요. 11월에 스케치북을 받고 크리스마스에는 아버님에게 권두시까지 부탁해서 4월 초에 책이 나왔습니다. 4월은 모치즈키 미치아키 뮤지엄 1주년을 기념하는 달이라서 그 시기와 맞추려고 5개월 동안 냅다 달린 거죠. 다른 곳에서 팔 수 있다는 보장이 없었거든요.

전 가벼운 책, 펼쳤을 때 손안에 들어오는 판형을 상상했어요. 처음에 오니시 씨가 "이 정도 쪽수면 책등 폭이 안 나와요. 북케이스에 넣기에는 너무 얇아요"라고 말해줬습니다. 두꺼운 종이를 쓰면 부드러운 그림과 안 어울리고 경쾌함이 사라져요. 그래서 오니시 씨가 봉철封綴● 방식을 제

미스즈도 이나 제본소에서 [사진:다니카와 준]

● 인쇄된 면이 밖으로 나오도록 책장 가운데를 접고 책의 등
부분을 끈으로 묶는 장정.

안해 주었습니다. 복잡한 제본 방식이지만, 수작업으로 하면 괜찮다고 해서서 결국 미스즈도에 다 맡겼어요.

사실 천 양장으로 하고 싶었어요. 하지만 아버님이 "책값 2,000엔 내면 거스름돈이 나오게 해"라고 하셔서 책 정가는 1,800엔이 한계였어요. 천 양장으로 하면 2,000엔이 넘어서 포기하기로 했습니다.

인쇄는 오니시, 가미지마가 추천한 야마다 사진제판소에 의뢰했다. 세 가지 청색을 섞은 특수 잉크가 만들어졌다. 이름하여 '선은 노래한다 블루'. 본문을 인쇄해서 접지하는 과정까지는 야마다 사진제판소에서 했고, 첫 페이지부터 페이지를 정렬하는 정합과 수제로 마무리하는 과정은 나가노 현에 있는 미스즈도 제본소에서 했다.

수제 책에서 신경 쓰이는 부분은 비용이다. 소량 부수만 제작해 가격을 비싸게 매기면 얼마든지 돈을 들여서 만들어도 되지만, 2,000엔 이하로 잡으면 그렇게 할 수 없다. 초판은 최소 2,000부는 찍어야 했다. '시로 먹고사는' 난제를 극복해 온 일류 시인은 조언도 일류였다. 부담 없는 가격을 매긴 것이 주효해서 책의 세계에서는 드물게 단골이 계속 생겼다.

한 사람이 한 권만 사는 게 아니라 선물용으로 두 권, 세 권 사 주셔서 더 기뻤어요. 연말에도 어떤 분에게서 새해 선물용으로 여러 권 주문을 받았습니다. 전화로 "명절 전까지 도착할까요?"라고 물으셔서 "오늘 발송합니다"라고 답변을 드렸는데, 설마 저 혼자서 일한다고는 그분도 생각지 못했는지 "래핑 포장 가능한가요?"라고 하시더군요. "도저히 안 됩니다"라고 말할 수밖에 없었죠. 급히 우체국으로 달려갔어요. 도서유통회사를 이용하면 편한데, 원가율이 너무 높아서 경비가 더 지출되면 적자였거든요. 그런 사정을 알고 아버님은 "원고료는 됐다"고 하셨지만, 다행히 2쇄, 3쇄를 찍을 수 있어서 인세는 제대로 드렸습니다. 다들 "힘들면 슌타로 씨에게 돈을 빌리면 돼"라고 편하게 말씀하셨지만, 돈 관계는 확실히 해 둬야죠(웃음). 가까운 사이에도 예의가 있습니다.

오사카의 모 산부인과 클리닉에서 정기적으로 50-100권 단위의 주문이 들어온다. 치료를 마친 환자들에게 주는 선물로 딱 어울린다고 한다. 대량 주문은 공장에서 바로 보내지만, 보통은 메구미 대표가 한 권 한 권 봉투에 넣어서 보낸다. 시집간 딸의 방에는 종이 상자가 가득 쌓였고, 재고를 위한 창고가 되어 버렸다. 직거래의 장점은 서점과 직접 관계를 맺는다는 점이다. "친구에게 소중한 선물을 보내는 기분이에요"라고 메구미 대표는 말한다. 현재 『선은 노래한다』는 약 90개의 점포에서 위탁 판매 되고 있다. 서점 이외에도 갤러리와 잡화점 등 다양한 곳에서 파는데, 일정 독자층의 취향에 딱 들어맞았다는 흐름이 보인다. 매회 2,000부씩 증쇄해서 4쇄를 찍었다. 서서히 1만 부에 다가가고 있다.

『선은 노래한다』 표지 원화.
남편 겐사쿠의 작곡 타이틀은
「낮의 새」. 모치즈키 씨의
아이디어로 오선보에 작은 새와
동물이 들어갔다. 금방이라도
노래가 들릴 것 같은 그림이다.

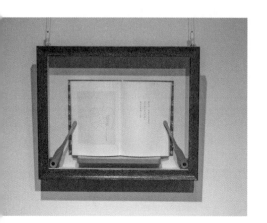

『선은 노래한다』의 완성을
축하하며 딸 부부가 보낸 액자

「선은 노래한다」
시 다니카와 슌타로,
그림 모치즈키 미치아키.
제목의 경쾌함을 그대로 반영한 봉철
제본과 프랑스 장정 방식의 표지

파는 사람도 이 책을 좋아하고, 사는 사람도 한 권 더 사서 다른 이에게 선물할 정도로 좋아하는 작품을 목표로 삼고 싶어요. 그러면 돈으로 돌아오는 건 작아도 마음으로 돌아오는 게 커요. 그러나 마음만 앞세우면 그냥 취미가 되어 버리니 의식을 조금 바꿀 부분도 있어요. 흑자를 계속 낼 수 있는 책은 아니지만, 최소한 큰 적자는 보지 않으려고 늘 궁리합니다. 더 팔아야 해요. 수익 때문만이 아니라 이렇게 좋은 작품을 받았으니 더 많은 분에게 보여 드리고 싶어서요.

남편의 회사를 돕는 일과 『학부모회 소식지』

"생각 없이 달려든 것치고는 아주 치밀하게 만들어서 놀랐다"고 슌타로 씨도 기뻐한 『선은 노래한다』는 일본 타이포그래피 연감 2014 에디토리얼 부문에서 베스트워크상을 받았다. 디자인을 의뢰할 때 "전 완전 초보자이니까 알아서 다 해 주세요"라는 식이었지만, 책을 처음 만들면서 다 맡겨야 하는 부분과 양보할 수 없는 부분은 확실히 선을 그은 것으로 보인다.

남편의 회사에서 CD와 소책자 만드는 일을 도왔던 게 컸어요. '트루바도르 카페'라는 자체 브랜드를 맡고 있거든요. 우리끼리 자유롭게 CD를 만드는 건 좋지만, 참여하는 사람들이 다 의견을 말하기 시작하면 정체될 때가 있어요.

남편이 디자이너에게 "너한테 맡길 테니 네가 결정해. 디자인은 민주주의가 아니니까"라고 말한 적이 있습니다. 그 말에 공감했어요. 오니시 씨가 망설이는 경우는 별로 없지만, 이번 제작에서 제가 "이런 거 싫어요"라고 말하면 그걸로 끝나 버려요. 물론 제 책임이 크니까 어느 쪽이 좋으냐고 물어보면 답하긴 하는데요. 그런 경우가 아니라면 되도록 참습니다. 전문가들의 생각이 정리될 때까지 조금 기다리는 거죠.

프로 편집 경험은 없었지만, 딸과 아들이 다니던 자유학원의 『학부모회 소식지』를 만든 경험도 하면 된다는 자신감을 주었다. 자유학원은 잡지사 후진노토모샤의 창업자가 세운 곳이기도 해서 『학부모회 소식지』에도 출판사 기준의 표기통일표가 있다. 자주 쓰이는 교정 용어를 한눈에 볼 수 있었다고 한다.

『학부모회 소식지』의 위원들이 모여서 몇 번이나 선생님에게 확인받고 발행했습니다. 원고를 쓰는 학부모들도 초보자였지만, 원고의뢰서를 제대로 써서 보냈어요. 아이들의 문제를 쓸 때는 너무 자세하게 써도 안 되고, 겉치레에 치중해도 안 됩니다. 그 균형을 잡는 게 어렵죠. 창립자 하니 모토코 선생의 저작물을 인용할 때는 학부모회실에 있는 저작전집에서 반드시 출전을 찾아 명기하고 잘못된 곳이 없는지 신중하게 검토합니다. 인용 출처를 찾는 게 아주 힘든 일이에요. 위원들 중 출판을 잘 아는 분이 있을

때는 배우기도 합니다. 함께 빨간 펜으로 교정을 보는 일은
아주 즐거웠어요.

남편 회사 일에서는 납기와 비용만 신경 써서 CD 등을 제작할
때도 "잠깐만. 그거 얼마야?"라고 찬물을 끼얹는 역할이었다.
역시 자영업자의 아내다웠다. 게다가 부기 2급이다. 남들이
선망하는 문화계 유명인사 느낌도 있었다. 메구미 대표는 취
재에 들어가자 "먼저 중요한 얘기를 해야겠어요. 전 출판으로
생계를 유지하지 않습니다"라고 말했다.

유메아루샤가 원가율이 높은 책을 내기는 해요. 하지
만 남편 회사의 경리 일이 저의 본업이므로 직원으로서 받
은 월급을 모아서 유메아루샤를 시작했기 때문에 어떻게든

촬영 협조: 하단북스(Hadan Books)

버틸 수 있었어요. 일터도 집이니까 들어가는 경비는 책 제작비, 발송비, 접대교제비, 홈페이지 운영비 정도죠. 젊은 사람이 사무실을 빌려서 출판으로 돈을 번다는 건……

그렇게 말하며 젊은이들에게 미칠 영향을 자꾸 걱정했다. 메구미 대표는 요즘처럼 소자본 사업이 주목받기 훨씬 전인 21세에 겐사쿠 씨와 결혼한 뒤 늘 곁에서 내조했다. 회사 설립에 필요한 등록 업무부터 제작물의 원가 계산과 재고 관리, 주문 응대, 발송 등 세세한 업무까지, 그런 일에 익숙지 않은 음악가 남편을 대신해서 쭉 해 왔다. 생각해 보면 그 경험도 하면 된다는 자신감으로 연결되었다.

예전에는 둘이서 카세트테이프를 팔았어요. 남편이 연주한 곡을 더블데크 카세트 플레이어로 복사했고 그걸 이케부쿠로의 아르비방이라는 서양미술서 전문점에 가져가면 10개씩 받아 주었죠. 잘 팔리는지 둘이서 보러 가기도 했어요. 곧 CD로 바뀌어서 소책자나 전단지 같은 인쇄물에 관심을 두기 시작했죠. 전문적인 출판 일을 배운 적은 없지만, 가끔 제품을 만들거나 팔아 봤던 경험은 결국 책을 만들 때 다 살릴 수 있었어요. 요즘은 주식회사를 자본금 1엔부터 만들 수 있습니다. 그러나 유메아루샤가 신용을 얻으려면 1엔으로는 힘드니까 전에 남편의 유한회사를 설립할 때처럼 자본금 300만 엔으로 하고 제 저금을 썼어요. 적자가 나면 가게를 접을 수밖에 없다는 각오로 300만 엔 범위에서 사업을 하려고 했습니다.

출간 동기는 종이 한 장에서

2015년 새해 유메아루샤는 두 번째 책, 시집 『과일 향이 나는 날』을 출간했다. 1980년 가케코미쇼보에서 출간된 시인 마쓰이 게이코의 데뷔작을 새 디자인으로 복간한 것이다. 잡지에 실린 시 「뒤에서 뭔가」에 강하게 끌렸던 메구미 대표는 수록 시집을 찾았지만, 절판되어 구할 수 없었다. 마쓰이 게이코는 데뷔작을 낸 뒤 시집 두 권을 더 냈지만, 그 뒤 시단에서 모습을 감추는 바람에 연락할 방법이 없었다. 다행히 현대시를 잘 아는 시초샤 편집부의 지인에게 부탁하여 연락처를 알아낼 수 있었다.

이 시집을 손에 넣었을 때, 모든 시가 제 취향과 잘 맞아서 제가 꼭 복간해야겠다고 마음먹었어요. 잡지 『문학계』에 실린 시를 읽은 게 2005년인데요. 그 페이지를 복사한 종이를 수첩에 끼워서 그 뒤로 쭉 가지고 다녔어요. 출판을 구체적으로 생각하기 전부터 일단 '읽고 싶다'는 생각을 늘 품고 있었습니다.

절필하는 형태로 시에서 멀어진 시인에게 젊은 시절 자신의 작품을 다시 마주하는 일은 쉽지 않았다고 한다. 1년의 제작기

「과일 향이 나는 날」
시 마쓰이 게이코, 표지 그림 사라.
표지는 과일의 신선함을 자아내기
위해 4원색에 형광색을 섞은
별색 잉크를 썼다.

"오니시 씨의 제안으로 시인의
눈에 비친 '흔한 일상 속에
있는 엇갈림'을 표현하고
싶었어요. 사라 씨에게 그것을
부탁했고 1년 걸려서 판화를
새겼습니다." ―다니카와
메구미

간, 한 사람의 시인을 격려하면서 자기 자신도 격려하는 나날이었다. 어려움에 부딪힐 때마다 소중히 간직한 종이 한 장을 부적처럼 꺼내서 바라봤다.

마쓰이 씨가 교정쇄를 보고 "젊을 때 왜 난 이런 걸 썼는지 몰라"라고 말씀하실 때는 속으로 조마조마했어요. "역시 복간은 관둡시다"라고 하시면 끝이니까요. 판화도 많이 찍어 둔 뒤였어요. 맺음말을 쓰실 때도 "몇 번을 다시 써도 향기가 배어나는 문장이 안 나와요"라고 메일을 주셨습니다. 그래서 "다 썼어요"라고 연락이 왔을 때는 자전거로 부리나케 달려갔어요. 맺음말은 목욕탕집 이야기였습니다. 이 시집 안에는 목욕탕에 관한 시가 꽤 나오는데, 예전 초판의 맺음말도 탕치장湯治場(질병을 치료하는 온천) 이야기였어요. "김이 올라오는 것 같은 글이군요"라고 말씀드리니 안도하셨어요. 싱긋 웃으면서 "맺음말을 다 쓰면 남편과 여행 가기로 했어요"라고 하시더군요. 남편분이 복간을 반기며 마쓰이 씨를 계속 응원해 주셔서 정말 고마웠어요.

조심스러운 마음으로 조심스럽게 일을 하면서 드디어 시집이 완성된 날, 메구미 대표는 다시 자전거로 달려 나갔다.

마쓰이 씨는 "예쁘게 만들어 줘서 고마워요" 하고 기쁘게 받아주셨어요. 잠시 차를 마신 뒤에 "말할까 말까 망설였는데……"라며 그날이 생일이라고 알려 주시더군요.

아무것도 모르고 목표만 보고 달려온 그날이 마침 마쓰이 씨의 생일이라서 더 기뻤어요.

띠지 문구를 쓴 작가 다와다 요코는 고교 시절에 동인지를 함께 만들었던 친구였다. 메구미 대표는 당시 문예부 소속으로 글을 꽤 썼다고 한다. 슌타로와 만난 것도 그 무렵이었다. 고등학생에게 현대시 쓰는 법을 알려주는 책, 『다니카와 슌타로의 현대시 상담실』에 슌타로의 학생으로 메구미 대표가 등장한다.

솔직히 고백하자면 다와다하고 또 한 친구 셋이서 시 동인지를 만들었어요. 문예부에선 이토 히로미 등의 현대시를 다들 잘난 척하며 평론했어요. 지금 생각하면 창피하죠. 이따금 시를 써서 양면 복사한 뒤 철을 해서 150엔 정도에 팔았습니다. 차례도 만들고 외형도 고민하고 그림 잘 그리는 애한테 표지 그림도 부탁하고……. 책을 만드는 지금 와서 생각하면 그때도 꽤 잘한 것 같아요. 『현대시 상담실』 책에 참여한 건 고등학교 3학년 때였는데, 문예부 선배들이 기획한 것이 계기였어요. 그 책은 사라진 줄 알았는데, 얼마 전에 북카페에서 발견했습니다. 잘 안 보이는 안쪽에다 숨겼어요(웃음). 시아버지가 된 슌타로 선생님하고는 인연이 길지요.

주위 사람들의 도움 덕택에 지금의 내가 있다

앞으로는 장르에 상관없이 시집 이외의 책도 내고 싶다고 한다.

"다음 책도 슌타로 책인가요?"라고 많은 분이 물어보는데요. "조그만 출판사라서 슌타로 책을 몇 권이나 낼 수 없어요"라고 답해요. 계속 도움을 받을 순 없으니까요. ISBN 코드를 10권분 받아 두었습니다. 이제부터 만화, 그림책 그리고 좋아하는 불가리아에 관한 책을 출판하고 싶어요. 그다음은 아직 구체적으로 생각한 게 없어요.

"타이밍 덕에 이렇게 된 거예요"라고 말하는 메구미 대표. 처음 출판을 결심할 때의 기운 넘치는 에피소드와는 달리, 말할 때는 어깨 힘이 빠진 자연체였다. 가족을 돕고 자신도 도우면서 하고 싶은 일을 향해 가는 모습에는 세대를 아우르는 유연함이 있었다.

저도 우왕좌왕하는 부분이 있습니다. 문학소녀가 오로지 출판을 향해 가다 다다른 게 아니고, 주위 사람과의 관계 속에서 제 삶이 결정되어 왔으니까요. 자연체라고 하면 근사하게 들리지만, 저도 항상 기분 좋게 살아온 건 아니에요. 일도 더 하고 싶고 아이도 더 잘 돌보고 싶다며 허둥대는 사이, 두 아이도 다 커 버렸어요. 반은 주부로, 반은 자영업자로 보낸 시간이 길었기 때문에 주부의 마음과 일하는 엄마의 마음 모두 이해할 수 있습니다. 세상은 금세 그 사람의 상황을 어떤 틀로 묶으려고 해요. 예를 들어 '공원 데뷔'● 같은 말을 만들어서 어떤 현상을 패턴화하려고 하죠. 하지만 실제로는 다양한 사람이 있고, 한 인간 내부에서도 경계를 넘었다 돌아왔다 합니다. 더 느슨해져도 좋지 않을까 싶어요. 여자아이는 틈새 시간을 활용해서 꼭 하고 싶은 일을 하나쯤 해 보는 게 좋지 않을까요. 그 사람이 하고 싶은 대로요.

● 유메아루샤 www.yumearusha.com

● 아이 엄마가 아기를 데리고 근처 공원에 나가 그곳에 놀러 온 아기와 어머니 들을 처음 만나 사귀는 일. 1990년대 중반 일본 언론에서 쓰기 시작한 말.

좋아하는 동료들과 좋아하는

것의 본질을 전하고 싶다

미르북스Mille Books

후지와라 고지

생활, 미술, 여행, 음식, 음악……. 일상을 풍요롭게 해 주는 미르북스의 책들은 사랑스럽다. 출판사 이름 미르mille는 프랑스어로 1,000을 뜻한다. 후지와라 고지 대표는 2002년, 1,000부 한정 도서를 만들기 시작했다. 그러다 문득 1,000년 뒤에도 남는 작품을 만들고 싶다는 생각이 들었다. 그는 친한 창작자들과 함께 책을 만들면서 잡화 제작과 이벤트 개최에도 의욕을 보였다. 일상의 소박한 '즐거움'을 모아 꾸준히 엮은 지 10년이 넘었다. 기분 좋은 것을 형태로 만드는 비결은 무엇일까. 도쿄의 자택 겸 작업실에서 이야기를 들어 봤다.

믹스 테이프 만들기와 사내 자영업

사실 문화 관련 일을 할 생각은 없었어요. 대학 전공이 기초공학이거든요. 기초공학에는 과학, 건축이 다 포함되니까 다방면으로 일할 수 있겠다고 고등학생 때 선택한 건데, 막상 대학에 들어가 강의를 듣고 닷새가 지나자 저한텐 이과가 안 맞는다는 걸 알았어요. 당시는 광고 회사 덴쓰 소속이었던 사토 마사히코가 「바겐세일올시다」●나 「포린 키」●● 같은 CF를 히트 치며 주목받던 때였습니다. 사토 씨처럼 이과 출신이면서 광고 일을 하는 사람도 있다는 단순한 생각으로 저도 광고업계를 지망했어요. 원래 밖으로 드러나기보다 뒤에서 하는 일에 흥미가 있었죠. 대학 때 『광고비평』을 읽으면서 '그 CF, 이 사람이 만들었구나' 하고 영화와 음악의 제작자 이름을 알아내는 것을 꽤 좋아했어요. 아티스트보다도 이 재킷은 누가 디자인했는지 누가 악기를 연주했는지가 더 궁금했습니다.

어릴 때는 패미컴 게임기 붐이었지만, 크리스마스 선물로 "패미컴, 무선조종자동차, CD플레이어 중 뭐가 좋니?"라고 물으면 CD플레이어를 선택했어요. 그 시점에 이미 장래를 결정한 거죠. 다른 애들이 다 무선조종자동차나

● 일본전기NEC의 판매촉진 캠페인명. 1991년 11월에 TV CF로 방영되어 원숭이 캐릭터가 인기를 끌었다.
●● 1990년에 나와 지금까지도 인기 있는 일본의 과자. 당시 CM송이 인기를 모았다.

패미컴을 가지고 놀 때, 전 친구 형이랑 레코드 대여점에서 CD와 레코드판을 빌려 와서 믹스 테이프●를 만들었습니다. 그걸 친한 친구에게 선물도 하고, 잡지 부록으로 받은 카세트 라벨에 글자를 오려 붙여서 오리지널 커버도 만들었어요. 아마 그게 제 편집의 뿌리가 아닐까 합니다.

보통 사람은 책이 좋아서 출판사를 시작하는데, 저는 제가 좋아하는 걸 남들에게 가르쳐 주고 싶었어요. 중고등학교 시절에는 밴드 붐이었는데 인디가 인디펜던트의 약자라는 것도 모르고 빠져들었죠. 큰 회사의 힘을 빌리지 않고도 재미있는 일을 하는 인디 사고가 출판을 하는 데도 영향을 크게 주지 않았나 싶습니다.

거품 경제 붕괴 직후라서 취업문이 무척 좁았으나 그는 운 좋게 광고대행사에 들어갈 수 있었다. 제작부를 희망했지만, 서열 문화가 강한 나고야 영업부로 배속되어 클라이언트 지상주의에 심신이 지쳐 갔다. "그냥 이과 쪽 기술직을 택했으면 대기업에 들어갔을 텐데"라며 한탄했던 부모도 결국은 "네가 선택한 길이니까 최소 3년은 그만두지 말고 다녀라"라고 했다.

입사 4년째에 그만둘 생각이었는데, 영업기획부라는 새 부서에 배속되었어요. 그곳은 본인이 영업해서 새로 따낸 일은 광고제작까지도 전부 직접 해야 했어요. 사내에 디

● 좋아하는 노래만 녹음해서 만든 카세트테이프.

자이너와 플래너가 있긴 했지만, 우리 부서에서 다루는 일은 예산이 적다며 받아 주지 않았습니다. 그래서 캠페인용 제품을 만들 때는 나고야의 도매상가를 돌아다니며 만들 수 있는 업체를 알아보는 게 일의 시작이었어요. 라디오 드라마 대본과 포스터 문구도 직접 써야 합니다. 그땐 잡무라고 생각했지만, 그 경험 덕에 지금 일을 할 수 있어요. 원고 쓰는 법, 일러스트레이터와 포토그래퍼에게 의뢰하는 방법, 인쇄물과 제품 발주 방법 등을 그때 전부 익혔습니다.

새 부서로 이동한 지 3년. 익숙해지기까지 시행착오도 겪었지만, 어느 사이엔가 영업부터 광고 제작까지 혼자서 할 수 있게 되었다. "사내에서 자영업을 하게 된 셈이죠"라며 웃는 후지와라 대표이지만, 당시에는 스트레스로 100엔 동전 크기의 원형 탈모까지 생겼다고 한다. 그래도 그는 젊은 시절이라 아주 건강했다며 주말에도 음악 이벤트에 나갔다고 한다. 당시 사내에 이야기가 통하는 사람이 없어서 그는 혼자 좋아하는 곳에 다니면서 사람들과 교류를 확대했다.

1990년대 중반에는 나고야에서도 클럽신이 번성했어요. 좋아하는 아티스트의 라이브나 DJ 이벤트에 가면 잡화점이나 카페 주인 등 재미있는 사람들이 많았습니다. 이동식 책방을 막 시작한 마쓰우라 야타로 씨도 한 달에 한 번 정도 왔는데요. 이벤트 카페 앞의 책 파는 곳에서 "이 사람 책 좋아"라며 책을 골라 주었어요. 인터넷 서점 구라게쇼린의 이시카와 노리코 씨도 가끔 왔습니다. 나고야에 그런 이벤트 공간이 있었죠.

거기서 알게 된 일러스트레이터 히오키 유카 씨하고 가정형 소형 인쇄기 '프린트곳코'로 엽서를 만들었어요. 처음엔 파는 게 어려워서 무료로 배포했습니다. 우리가 좋아하는 잡화점에 "이런 이름으로 활동하고 있습니다"라고 소개하면서 비치해 달라고 돌아다니는, 묘한 영업을 했죠. 어느 날 도쿄의 잡화점에 영업하러 갔더니 잘 나갈 것 같다며 팔아 주신다고 했어요. 그래서 주말 내내 수작업으로 엽서를 300장 정도 만들었습니다. 잡화점 주인 분들의 조언을 듣고 다른 매장에도 영업했더니 수작업으론 물량을 댈 수 없을 정도로 주문이 늘어나서 인쇄로 바꿨습니다. 엽서 말고도 인맥을 통해 디자인 상품도 만들었는데, 핀배지가 확터졌어요. 다음 제작비를 미리 벌어들일 정도로 팔렸죠.

책 제작은 회사에서 받은 보너스로 히오키 씨의 작품집을 1,000부 한정으로 만든 게 처음이었어요. 유통도 하지 않고 무모하게도 수작업으로 1,000부 만들었죠. 핀배지를 취급했던 매장에 비치했는데, 전혀 안 팔려서 재고로 쌓였습니다. 너무 분해서 한 권 더 만들었어요. 이시자카 시즈카 씨의 데생집을 냈는데, 또 안 팔렸습니다. 오히려 저는 1,000부로는 부족하다고 봤거든요. 너무 분해서 진지하게 출판을 해 보고 싶었습니다. 웹사이트에도 후기를 올렸지만, 처음엔 회사 일과 '미르북스' 활동을 병행하다가 보너스 받으면 책을 1,000부 한정으로 매년 한 권씩 낼 계획이었어요.

그런데 마음 한구석에서 회사를 그만두고 스스로 할 수 있는 일을 찾아야 한다는 생각이 들었습니다. 출판뿐 아니라 원래 잡화 제작도 하고 싶었기 때문에 지금도 책과 디자인 상품을 같이 만들고 있어요. 커피캔과 수건 같은 잡화는 책에 흥미를 유도하는 데도 도움이 됩니다.

신뢰하는 친구들의 책을 만들고 싶다

2002년에 시작해서 2004년에 광고대행사를 퇴사하고 본격적으로 출판에 뛰어들기까지의 2년간을 후지와라 대표는 미르북스의 프리시즌이었다고 말한다. 그 무렵 후지와라 대표 주위에는 소책자 『나고야에 산다』를 내는 마츠오 미유키 씨, 잡화브랜드 Loule를 차린 가이 미노리 등, 같은 세대의 크리에이터들이 있었다. 스스로 제품을 만드는 이들과 교류하면서 받은 자극이 그 뒤의 책을 만드는 데 영향을 미쳤다.

제가 만든 엽서를 보내서 답변을 받은 분이 가이 미노리 씨였어요. 당시에는 문필가가 되기 전이었고 교토의 작은 출판사 일을 돕고 있었죠. 포트폴리오 만드는 법이나 팔 곳 등을 저한테 조언해 주었어요. 그때 회사 자료실에 있던 『Olive』를 읽었는데, '지금 교토의 크리에이터가 뜨고 있다!'라는 특집 기사에 눈이 갔습니다. 가이 씨가 "이번에 재밌는 이벤트가 있으니 오세요"라고 권하길래 교토에 갔다가 가마쿠라의 카페 비브망 디망슈vivement dimanche의 호리우치 다카시, 미술작가이자 소잡지『Wind Chime Books』를 만든 고故 나가이 히로시를 만났어요. 그리고 가이 씨의 소개로 당시 신인 일러스트레이터였던 야마모토 유코, 게이분샤 이치조 점의 호리베 아쓰시 등 다양한 분야의 사람들과 연대의 고리를 넓힐 수 있었습니다. 그들과 점점 친해지면서 함께 뭔가 만들 생각을 했지요.

지금도 우리 책의 저자는 친구 관계에서 발전한 경우가 많아요. 저는 일단 상대의 캐릭터를 파악하고 그 사람의 이런 면을 이런 식으로 담아내면 좋겠다는 생각이 들 때 책을 만들기 시작합니다. 그 덕분에 지금은 주위에 함께할 수 있는 분들이 늘어났어요. 출간 제안도 많이 받지만, 전에 판매가 시원찮았던 책도 있어서 바로 책으로 만들진 않습니다.

후지와라 대표는 광고 회사 경험을 통해 '긴 회의는 안 한다', '칭찬해야 성장한다'를 미르북스의 신조로 삼고 있다. 회의 시

간이 짧아도 상대와 소통하며 친해지기까지는 긴 시간이 걸린다. 사람들에게 기분 좋은 느낌을 주는 미르북스 책의 비결은 기분 좋은 제작 현장에 있다.

"혼자서 하면 힘들지 않나요?"라고 많이들 물어보시는데요. 우리는 긴 회의가 없어서 시간이 많아요. 광고대행사에 다니던 시절 가장 힘들었던 건 회의가 너무 길었다는 점이에요. 프레젠테이션 할 날이 다가오면 사막에서 바늘 찾는 듯한 회의가 다음 날까지 몇 시간이고 이어집니다. 그게 너무 싫었어요. 지금은 "이런 걸 만들고 싶은데 어때?", "좋아!" 같은 식이어서 회의가 1시간 정도의 단순 확인만으로 끝나요. 그 뒤 일과 상관없는 잡담이 2시간 정도 이어

『양지의 고양이』의 저자, 싱어송라이터 야마다 미노루(가운데)
『고양이를 받았다』의 저자, 기노시타 아야노(오른쪽)

지는 일은 자주 있지만요.

그리고 늘 칭찬을 자주 하게 하고, 되도록 'No'라는 말을 쓰지 못하게 합니다. 이것도 광고대행사의 다수결 토론에서 좋은 기획이 채택되지 않는 경우를 많이 봤기 때문입니다. 다수결로 정한 기획을 위에서 갑자기 취소해서 중단되기도 하지요. 많은 인원이 제품을 만들 때 나타나는 폐해를 자주 봤습니다. 좋지 못한 기획을 올릴 것 같은 분에겐 애당초 일을 안 맡기고, 마음이 맞는 사람들끼리 소통하면서 서로 믿고 일해요. 그래서 'No'라는 말을 안 쓸 자신이 있습니다. 디자이너와 포토그래퍼가 편집까지 건드리는 제안을 할 때는 대개 저도 받아들입니다. 각자 '내 책'이라는 의식으로 일한다는 건 기쁜 일이고 중요하다고 봅니다.

극단적으로 얘기하면, 좋아하는 책이나 음악, 옷을 입는 센스가 같은 사람들하고는 대충 설명해도 서로 잘 통합니다. 시야가 한정된다고 말할 수도 있지만, 미르북스는 혼자서 운영하니까 몇십만 부를 팔지 않아도 됩니다. 대형 출판사라면 안 팔린다고 없애는 작가의 좋은 부분과 개성을 잘 남겨서 비즈니스로서 어떻게 성공시킬지 고민합니다. 그렇게 하려면 상대방과 아주 친해져야 책이 나올 수 있습니다.

물론 항상 100만 부를 꿈꾸면서 만들고는 있어요. 그렇다고 대형 출판사처럼 "저게 잘 팔리니까 비슷한 콘셉트로 갑시다" 같은 식으로는 절대 일하고 싶지 않아요. "미르북스에서 잘 팔리는 책은 어떤 거예요?"라고 자주 질문을 받는데, 다 거기서 거기예요. 오히려 대히트작이 나왔다면 벌써 그만두었을지도 몰라요. '(베스트셀러가 아니더라도) 이 작품의 장점을 알아봐 달라'는 불만이 항상 있으니까 또 만들 생각이 드는 거죠.

증쇄가 결정되면 늘 고민됩니다. 신간이 나온 지 며칠 만에 증쇄를 찍게 되면 기쁘지만, 증쇄 찍은 뒤에 서점에 진열된 초판이 안 팔려서 반품될 수도 있어요. 그러나 증쇄 의 인쇄비는 먼저 나가죠. 매번 고민됩니다. 작은 출판사는 어디나 사정이 비슷할 거예요. 솔직히 지금 금전적으로 힘 들지만, '재판 찍은 부수도 꼭 다 팔겠다'는 자세로 팔 방법 을 열심히 궁리하고 있습니다.

돈 못 버는 이벤트에도 몇 가지 가치가 있다

창업 초기부터 특히 출간 이벤트를 중요시했다. 인터넷 시대 에 굳이 필요 없을 텐데도 매번 전단지를 만들어 돌린다. 만들 지 않으면 이벤트 하는 기분이 안 난다고 한다. 창업 전, 자신 이 사는 나고야에서 처음 개최한 이벤트의 소중한 경험이 그 를 그렇게 만든 것 같다.

이시자카 시즈카 씨가 앨범 재킷을 담당한 보사노바 듀오 나오미 앤드 고로Naomi & Goro의 CD 소책자 디자인 일 을 도울 때, 나고야에서 발매 기념 라이브 이벤트를 했어요. 음식과 잡화가 있는 공간에서 영화 상영을 하는 그런 이벤트요. 광고대행사에 의존하지 않고 전단지를 가게에 배포해서 예약을 받는 아날로그 방식으로 했습니다. 제 인맥을 총동원해서 300명 정도 손님을 모을 수 있었어요. 특별한 만남도 있었지요. 끝날 즈음, 갑자기 근사한 여성분이 나타나서 "주최자가 어느 분이죠? 실은 제가 가게를 운영하고 있는데요. 이분의 CD를 진열하고 싶어서요"라고 하더군요. 나고야에서 카페 잡화점 '구루미노키'를 오랜 기간 운영한 이시무라 유키코 씨였어요. 그 뒤, 구루미노키 덕에 인맥이 넓어졌습니다. 그 이벤트를 안 했다면 지금의 저는 없을 거예요.

이벤트 자체는 거의 돈이 되지 않는다. 규모를 크게 하면 수익을 낼 수도 있지만, 그렇게 하면 '소통이 이루어지지 않는다'고 한다. 저자와 일대일로 얘기할 수 있는 규모는 50-100명까지다. 책과 관련된 자리를 만드는 일에는 새로운 만남 이외에도 다양한 가치가 있다.

출간 이벤트를 꼭 하는 데는 두 가지 이유가 있어요. 하나는 제가 독자에게 직접 책을 전하고 싶어서이고, 다른 하나는 저자가 독자에게 자신의 말로 생각을 전했으면 해서입니다. 이벤트로 만날 수 있는 사람은 소수이지만, 거기서 또 다른 만남으로 이어지기도 합니다. 예를 들어 『첫 커피』는 도쿠시마에서 알토 커피aalto coffee라는 원두커피집을

커피 책

"커피 책은 지금까지 4권
나왔습니다. 『어바웃 커피』는
사람이 100명 있으면 100명
다 취향이 다르니까 자기가
좋아하는 것을 마음껏 즐기라는
메시지의 책입니다. 자기가
좋아하는 것을 '좋아한다'고
말하는 일, 자기에게 소중한
것은 무엇인지를 깨닫는 일.
책의 내용은 각각 달라도 전하고
싶은 주제는 다 똑같습니다."
— 후지와라

직접 제작한 커피캔

운영하는 쇼노 유지 씨와 카페 비브망 디망슈의 호리우치 다카시가 5회에 걸쳐 나눈 토크쇼에서 나온 책이에요.

청중과 저자가 이벤트를 통해 자연스럽게 가까워져서 저만 외톨이가 된 것 같은 때도 있지만, 그래도 기뻐요. 만나게 하면 재미있겠다 싶은 사람들을 연결하면서 새로운 책의 아이디어를 얻는 경우도 있습니다. 이벤트를 통해 다음 기획이 나오거나 사람들 사이의 유대가 생기는 등, 2차적으로 좋은 일이 몇 가지나 있어요.

이벤트는 그 사람이 가진 장점을 발견할 수 있는 최고의 자리이기도 합니다. 많은 사람이 모이는 자리에서 바빠졌을 때, 순간적으로 어떻게 대응하는지를 보면 그 사람을 잘 알 수 있어요. 그 대응을 보고 '이 사람의 활동을 책으로 만들고 싶다'고 생각할 때도 많습니다. 엉뚱한 제안을 해도 제 상상을 뛰어넘는 아이디어를 내거나 자기 나름대로 궁리해서 답하는 분은 책을 쓸 때도 그 능력을 발휘합니다.

지금도 하는 일은 어린 시절과 똑같다

후지와라 대표는 잡화와 CD 소책자 디자인, 이벤트 등 책 이외에도 활동의 폭이 넓다. 전자책에 관한 생각이 궁금했다.

타이밍이 맞으면 전자책도 해 보고 싶어요. 자주 제안을 받지만, 기존의 미르북스 책들은 전자책으로 만들어도

『hummingbird eating』
『hummingbird living』
이시무라 유키코 지음.
표지는 천 양장+박 찍기.
"이런 종이책은 오래 남을 것
같아요. 헌책이 되어도
소장품으로서 존재감이 있어서
계속 책장에 머무는 책. 음악을
스트리밍 서비스하는 오늘날에도
아날로그 레코드판이 나오는
것처럼요." ─후지와라

이점이 없어서 아직 안 냈어요. 종이책은 앞으로 더 안 팔린다고 봅니다. 종이를 좋아하긴 하지만, 집착이 강하진 않아서 디지털화의 물결이 거세지면 곧바로 갈아탈 마음의 준비는 하고 있어요.

저는 책을 내는 것이 최종 목적이 아니라 한 사람의 좋은 부분을 꺼내는 걸 돕고 싶을 뿐이에요. 그래서 형태는 아무래도 좋다고 생각합니다. 종이책으로 먹고살지 못하게 되면 지금까지 말해 온 것을 뒤집고 이벤트 플래너가 될 수도 있어요. 잡화를 만드는 일, 음악 작업을 돕는 일, 이벤트를 여는 일 모두 목적은 같습니다. 여러 가지 일을 한다는 말을 듣지만, 잔재주뿐이에요. 그림도 못 그리고, 곡도 쓰지 못하고, 카페를 해도 손님 접대는 무리예요. 저는 아무것도 못하지만, 어떤 좋은 것을 누군가에게 전하는 일은 할수 있어요. 어릴 때 했던 카세트테이프 만들기 같은 일을 지금도 계속하고 있는 거죠.

자신에게 정말 필요한 정보량은 그다지 많지 않다. 방에 있는 책들도 몇 년 전에 대거 처분했다. 더 잘 팔리는 책을 만들어야 한다는 초조함으로 신간을 몰아서 낸 적도 있다. 책과 마주하는 방법이 달라진 지금은 시대가 지나도 남는 것의 본질을 파악하는 데 힘쓰고 있다.

제품을 예로 들면, 제가 좋아하는 엘엘빈L.L.Bean의 빈부츠는 100여 년 전부터 똑같은 모양으로 만들어 왔는데,

어째서 지금까지 남아 있을까요. 처음에는 별 생각 없이 회사명을 '미르북스'라고 지었지만, 지금은 오래오래 남는 제품을 만들고 싶다는 생각이 간절합니다. 그래서 저자의 문장도 유행과 시대성이 드러나는 부분은 무조건 삭제해 달라고 해요.

라쿠고落語●를 자주 참고합니다. 에도 시대의 라쿠고는 가부키의 5분의 1밖에 안 되는 입장료로 누구나 부담 없이 즐길 수 있는 대중오락이었어요. 저는 라쿠고가 하는 일을 전혀 다른 장르에서 해 보고 싶습니다. 지난해, 인간문화재가 된 야나기야 고산지 씨가 "고전 라쿠고는 있는 그대로 하면 재미있으니까 지금까지 남아 있는 것이다. 따라서 쓸데없는 걸 보태지 말고 그대로 하면 된다"고 말씀하셔서 시야가 확 트였어요. 책 만들기도 쓸데없는 장식은 하지 말고, 그 사람의 좋은 본질 그대로를 어떻게 책에 담을지가 중요하다는 걸 깨달았습니다. 그러려면 좋은 것을 더 잘 파악하는 능력이 필요합니다. 그것이 진정한 편집력이 아닐까요.

고산지 씨의 라쿠고를 연대순으로 들으면 같은 내용이라도 불필요한 부분이 점점 잘려 나가고 있어요. 요즘은 꼭

● 일본의 전통 만담. 기모노를 입은 라쿠고가落語家가 방석에 혼자 앉아 부채나 수건을 이용하여 세상 이야기를 비롯하여 정치·문학 등에 관한 이야기를 해학적·풍자적으로 들려주는 대중 예능.
●● 여기선 본격적으로 라쿠고를 하기 전에 하는 짧은 서두의 이야기를 뜻한다.

필요한 내용만 남았는데, 옛날보다 훨씬 재미있습니다. 서두❤❤의 재미가 유명한데, 같은 만담이라도 계절과 장소에 따라 매회 도입부가 바뀝니다. 만담의 내용을 본편으로 자연스럽게 연결하는 솜씨는 해마다 훌륭해지고 있어요. 같은 만담이라도 듣는 이의 기분에 따라 다른 이야기처럼 들리기도 합니다. 영화도 예전에 봤을 때는 재미없었는데 나중에 보면 아주 재미난 경우가 있잖아요. 마찬가지로 읽을 당시의 나이나 기분에 따라 다르게 느껴지는 책이 가장 좋습니다. 고전 라쿠고는 그 정점에 있다고 봐요.

책 제목을 정하거나 교정할 때는 꼭 소리 내서 읽어 봅니다. 막힐 때는 좋아하는 노래의 가사를 읽고 참고합니다. 입으로 소리 내서 읽고 귀로 들어서 느낌이 좋은지 확인합니다. 다양한 분의 영향을 받고 있어요. 예를 들어 작사가 마쓰모토 다카시 씨는 가사에 엉뚱하지만 고리타분하지 않은 단어를 넣습니다. 단어 하나하나에 깜짝 놀라요. 마쓰다 세이코 씨의 「천국의 킷스」라는 곡에서도 '키스'가 아니라

「고양이를 받았다」
"아이를 위한 그림책입니다. 문장을 꽤 많이 걸어 냈기 때문에 어린 아이가 다 이해하지 못할 수도 있어요. 아이가 경험을 쌓은 뒤 이 책의 이야기가 생각났을 때, 정말로 전하고 싶었던 메시지를 이해할 수 있으면 좋겠어요."
—후지와라

'킷스'로 썼죠. 살짝 바꾼 것만으로 뇌리에 남는 말이 되는데, 그런 부분은 천재적이에요. "내 노래는 시대를 뛰어넘어 정말로 좋은 평가를 받는다"고 인터뷰하는 걸 보고 '확신범'이라고 생각했어요. 라쿠고를 듣게 되면서 더 강하게 느꼈습니다. 마쓰모토 다카시 씨 말고도 그 세대의 작사가들이 쓴 가사에는 늘 놀랍습니다.

책을 만들 때는 영화나 연극을 보러 가고 싶어져요. 불안하거든요. 제가 하는 일이 본질적인 부분을 꿰뚫고 있는지 다른 것과 비교하고 싶어집니다. 편집이 막혔을 때는 반대로 책을 안 읽습니다. 내용에 영향을 직접 받을 수도 있고, 좋은 책을 읽으면 이렇게 좋은 책이 있는데 내가 굳이 만들 필요가 있을까 하는 생각이 들거든요.

지금은 10년 뒤, 20년 뒤를 바라보면서 책을 만듭니다. 가능하면 100년 뒤에도 부끄럽지 않은 책을 만들고 싶어요. 요즘에서야 겨우 그런 책을 만들 수 있겠다는 생각이 들었습니다. 유지하려면 당장 잘 팔리는 책을 만들어야 하는 상황이라 태평한 얘기 할 때는 아니지만요. 시대와 국적이 달라도 바뀌지 않는 것, 사람의 본질적인 마음에 통하는 것은 분명히 있습니다. 모든 이가 좋아하지 않아도 괜찮아요. 많은 이에게 생소하지만 어쨌든 좋은 것. 그걸 어떻게 전달할지 고민합니다. 하지만 이왕이면 그걸 많은 이가 좋아했으면 하는 생각이 늘 교차해요.

● 미르북스 www.millebooks.net

해보니
혼자서도
할 수 있었다.
그날부터
세상아
넓어졌다

타바북스Taba Books
미야카와 마키

미야카와 마키 씨가 편집·발행하는 『일 문맥』仕事文脈은 '관심이 가는 일의 방식', '어떻게든 살아가는 법' 등 일을 독특한 관점으로 다루는 리틀 매거진이다. 출판사에서 경력을 쌓은 뒤, 프리랜서 편집자를 거쳐 2012년 타바북스를 차렸다. 연 2회 발행하는 『일 문맥』과 함께 여러 분야의 도서 편집부터 영업까지 혼자서 여러 사람 몫을 하고 있다. 집에서는 대학생과 고등학생 자녀를 둔 싱글맘이다. 편리하고 새로운 것을 현명하게 받아들이면서 자신의 업무 방식도 조금씩 맞춰 가고 있다. 시부야의 근사한 셰어오피스와 자택 근처의 옛날 일본식 아파트를 왕래하며 일한다. 절묘한 균형 감각으로 흥미로운 책을 만드는 미야카와 씨를 찾아갔다.

'사실은 이렇게 만들고 싶었던' 책을 위해

시부야의 셰어오피스에 있다고 하면 돈을 잘 버는 것처럼 생각들 하지만, 이곳은 이용 범위에 따라 계약 조건이 달라서 그렇게 비싸지도 않아요. 빈 좌석을 자유롭게 쓸 수 있고 개인 사물함도 있어서 우편물은 모두 이쪽으로 오게 해 놨어요. 회의나 취재, 서점 영업 시에 근거지 용도로도 아주 편리하고, 기분 전환도 할 수 있습니다. 셰어오피스에서는 다른 업종 간의 교류가 활발하진 않지만, 차 마시는 시간에 주방에서 다른 사람들과 이야기하거나 자주 열리는 친목회에서 정보를 교환하기도 합니다. 책의 디자인을 여기서 알게 된 분에게 의뢰한 적도 있어요. 웹을 비롯한 미디어 관련 일 등 새로운 일을 시작하는 사람들이 많아서 취재로 이어지기도 합니다. 여기엔 책의 재고를 놔둘 공간이 없어서 집 근처에 다른 사무실을 빌렸어요. 거긴 옛날 일본식 아파트예요. 지인이 아주 싼 곳을 찾아 줬죠. 애도 있고, 개와 고양이도 있어서 집에서 일하기는 힘듭니다.

전에는 1980년대 문화를 선도해 온 파르코출판의 마케팅 정보지 『어크로스』 편집부에서 7년 반, 서적편집부에서 8년 일했다. 그사이 두 아이를 낳았고 2006년에 프리랜서 편집자가 되었다.

파르코출판은 환경이 좋았어요. 저는 예술과 문화 쪽

책을 주로 만들었죠. 그때는 지금보다 책에 돈을 더 들일수 있었어요. 역사가 길고 이미지가 좋은 출판사였기 때문에 저자에게 기획안을 받기도 수월했죠. 그 당시부터 파르코에서는 상사가 육아 휴직을 쓴 뒤, 일하던 부서로 복귀하는 것이 당연한 환경이어서 오래 일할 수 있었어요. 저는제 일을 다른 직원에게 안 맡기고 3-4개월 뒤에 복귀했지만, 1년간 잘 쉰 사람도 있었어요.

프리랜서가 되었을 때는 막내아이가 초등학교에 들어갈 즈음이었습니다. 파르코출판은 대형 부동산 개발 회사가 운영하는 엔터테인먼트 사업부의 한 영역이었습니다. 다른 부서와 비교하면 작았지만, 목표 수치가 엄격하게 설정되어 연봉도 해마다 실적에 맞춰 올라갔어요. 압박감도 있었죠. 지금 생각하면 여리지 않았나 싶은데 좀 지쳤다고해야 하나. 계속 이 일을 할 수 있을까 하고 고민할 무렵, 조기퇴직자우대제도에 해당하는 나이가 되어서 이건 기회다싶었죠. 그만둔 뒤에는 그냥 같은 일을 하겠다는 생각만 했고, 별로 깊이 생각하지 않았어요. 혼자서 저자와 출판사를이어 주는 편집자 역할은 할 수 있으리라 봤죠.

프리랜서 편집자로 집필과 편집을 하면서 2012년부터는 개인사업자로도 출판 활동을 시작했다. 담당한 책이 출간된 지 1년만에 사실상 절판된 일이 계기였다.

면 생리대를 제작·판매하던 유고라는 분의 책을 모 출

판사에서 내기로 했어요. 기획할 때의 이미지는 환경이나 생활을 중시하는 사람이 대상 독자였습니다. 그래서 내용이 확실히 전달되도록 견실하게 만들자고 출판사의 담당 편집자와 논의했어요. 하지만 도중에 방향이 좀 달라졌습니다. 당시 『감기만 하면 OK! 밴드 다이어트』라는 책이 대히트해서 부록이 있는 건강 관련서가 유행했는데요. 그래서 샛노란 띠지에 '면 생리대 붐이 온다!'라는 문구를 강조하고, 부록으로 면 냅킨을 붙여서 판매했어요. 호들갑스럽게 만들어서 위화감이 있었지만, 그게 영업부의 의향이었어요. 더구나 면 생리대 부록을 제작할 때는 저자 쪽의 부담이 커서 걱정도 했어요. 그래도 프리랜서 편집자의 처지에서는 "열심히 팝시다"라고 말할 수밖에 없었죠. 아니나 다를까 잘 팔리지 않아서 재판도 못 찍고 1년 만에 폐기 처분되었습니다. 하지만 저자가 열심히 만든 책이었고 저도 책임이 있으니 부록은 빼고 원래 만들고 싶었던 방향으로 다시 만들기로 했어요.

새로운 출판사를 찾기로 했지만, 업계 전체가 정체되기 시작하던 시기인 탓에 도서 기획 자체가 통과되기 어려워졌다. 개정판이라고 해도 한 번 다른 곳에서 나온 책을 바로 내려는 출판사는 찾기 힘들었다. 그러던 중, 저자 유고 씨의 친구 부부가 낸 책의 출판 기념회에서, 그들이 책을 낸 곳이 20대 여성 혼자 운영하는 '편집실 옥상'이라는 것을 알았다. 미야카와 씨는 대기업의 출판부에 있었기 때문에 1인 출판사를 생각해 본

적이 없었지만, 조사해 보니 '작으면 작은 대로 어떻게든 운영 된다'는 점을 조금씩 알게 되었다.

'편집실 옥상'은 하야시 사야카 씨라고, 저보다 훨씬 젊은 분이 운영하는 출판사라는 사실을 알고 놀랐습니다. 그럼 저도 할 수 있겠다는 생각이 들었죠. 회사에서 일할 때는 신간 나올 때 가끔 서점 영업에 따라가긴 하지만, 편 집 일만 해 봐서 유통업체와 어떻게 협의할지, 책을 어떻게 어디에 보낼지 같은 구조는 잘 몰랐습니다. 프리랜서 개인 사업자가 출판을 할 수 있는 줄은 몰랐죠. 생각해 보니 지 인도 아버지가 자비 출판한 책을 팔기 위해 '기진샤'稀人舍 라는 1인 출판사를 차려서 ISBN 취득 방법부터 유통 방법 까지 블로그에 쓰기도 했더라고요. 나쓰하샤와 미시마샤는

이미 화제였고요. 찾아보니 그곳 말고도 신생 소형 출판사가 많이 있더군요.

출판사를 창업하기 전에는 아는 소형 출판사에 찾아가서 가르침을 받는 사람도 흔하다. 미야카와 대표는 내고 싶은 책이 이미 수중에 있었기 때문에 유통에 관한 세부적인 작업 하나하나를 실제 현장에서 해 보면서 배웠다고 한다.

첫 책 『면 생리대 마음, 몸, 가벼워진다』를 내려고 ISBN을 취득한 다음, 유통업체인 JRC에 의뢰하러 갔더니 "다음에 내실 책은 계획에 있나요?"라고 물어서 흠칫했어요. "책은 반품이 계속해서 발생하니까 길게 보고 하셔야 합니다. 계획을 더 확실하게 짜세요"라는 말을 듣고 '아, 책을 계속 내야 하는구나' 하고 깨달았죠. 책을 낸 뒤에 새삼 느낀 점도 있어요. 예를 들어 슬립●도 예전엔 그냥 넣는 것이라고만 생각했는데, 왜 슬립이 필요한지 어떻게 만들어야 하는지 배워야 했죠. 또, 서점에 책을 보낼 때 필요한 주문서도 JRC가 "양식을 드릴 테니 그대로 따라 만드세요"라고 해서 하나씩 배우면서 만들었어요.

이왕 만든 책이니 더 많은 사람이 봤으면 해서 일단 첫 배본처를 어떻게 확보할지 고민했어요. 전국 서점 유통은 도서유통회사에게 맡겼지만, 판촉 강화를 위해 '함모토

● 일본 책에 끼워놓는 서점용 보충 주문 전표.

『면 생리대 마음, 몸, 가벼워진다』
유고 지음

닷컴'版元ドットコム이라는 출판사 공동판촉조직에 들어갔습
니다. 함모토닷컴에서는 중소 출판사가 공동으로 책을 판
매하거나 정보를 교환할 수 있습니다. 가장 좋은 점은 전국
서점에 팩스를 일괄로 보내 주는 유료 서비스가 있다는 거
예요. 지난해부터 그 팩스 서비스를 이용하고 있어요. 지역
을 한정해서 보낼 수도 있고, 만화는 문화 쪽이 강한 서점,
인문서는 인문 쪽이 강한 서점에 보내는 등, 책의 내용에
맞춰서 팩스를 보낼 수 있습니다. 그렇게 해서 주문이 오면
어떤 서점이 주문하는지 경향을 대략 파악할 수 있어요. 주
문이 오면 JRC를 통해 배본하는 방식입니다.

타바북스를 합동회사로 등기한 것은 2013년부터다. ISBN은 개
인사업자로도 취득할 수 있지만, 출판업에서는 프리랜서 편집
일과 달리 매출 등 수지가 복잡해서 가계와 구별할 필요가 있
었다. 또 저작을 맡았다는 사회적 책임 면에서도 회사로 하는
편이 좋다고 판단했다. 창고 계약은 경비의 압박이 있었지만,

1인 출판사에 큰일이 되는, 책 발송 업무가 줄어든다는 이점이 컸다. 연간 출간 계획은 연 2회 발행의 『일 문맥』과 단행본 2-3권을 합쳐서 5권 정도로 딱 좋은 페이스였다고 한다.

여유가 없는 상황에서 사무실과 창고를 빌리면 돈이 들지만, 돈을 안 들이고 할 수 있는 걸 다 하려고 하면 만들 수 있는 것도 못 만들게 됩니다. 어느 정도 틀을 짜 놓고 돈을 좀 들여서 그 정도는 메운다는 목표로 일해야 저자의 신뢰도 얻을 수 있다고 생각했어요.

창고는 함모토닷컴에서 알게 된 분에게 소개받았습니다. 작은 출판사와 많이 거래하는 창고인데, 아마존의 온라인위탁판매서비스로 책을 발송하는 업무도 같이 해 줘서

큰 도움이 됩니다. 저희는 유통회사를 통해 배본하기도 하지만, 직거래하는 서점도 꽤 있는데요. 셰어오피스에 재고가 없어도 인터넷으로 신청하면 바로 발송해 주니 편해요. 편리한 방법을 최대한 활용한 덕에 발송 업무에서 상당 부분 해방되었죠.

하루 업무의 최우선순위는 주문받고 배본하는 일이다. 시기에 따라 편집 일을 위한 시간을 내기 힘들기도 하고, 반대로 편집 일이 바빠서 마케팅까지 손을 댈 수 없는 경우도 있다. 아이는 크게 손이 가지 않는 나이가 되었지만, 식사는 되도록 집에서 함께 하고 있다.

아침에 일어나면 우선 아마존의 온라인위탁판매서비스에서 온 메일을 확인한 뒤, 개 산책, 딸의 도시락 만들기, 세탁, 청소 등 집안일과 아침 식사를 끝내고 대략 8시 좀 넘은 시간에 일터로 갑니다. 재고를 보관하는 집 근처의 사무실에서는 책의 발송과 경리 업무 등 사무적인 일이 대부분이고, 셰어오피스에서는 원고 정리와 웹사이트 내용 업데이트, 저자 미팅, 취재 등 편집 제작에 관한 일을 해요. 이동 중, 서점에 납품이나 영업하러 가기도 하지요. 셰어오피스에서 일하는 건 1주일의 절반 정도예요. 저녁은 되도록 집에서 만들어 먹기 때문에 별다른 일이 없으면 일찍 집에 와요. 저녁 식사 후에도 저자와 메일을 주고받는 일은 수시로 합니다. 지금은 신간이 막 나온 시점이라서 서점 영업, 판촉물 제작, 증정본, 웹사이트 업데이트, 목록 만들기 등으로 바빠요.

프리랜서 편집자 시절에는 편집 프로덕션처럼 다른 출판사의 일도 받아서 했는데요. 지금은 출판업이 중심이라서 적극적으로 하지는 않아요. 그렇지만 출판업은 매출을 예상하기 어렵기 때문에 정해진 시기에 정해진 보수가 들어오는 일은 중요합니다. 의뢰가 오면 되도록 받으려고 해요.

'doing 인물'을 쫓는 리틀 매거진 『일 문맥』

미야카와 대표는 프리랜서 편집자로 부동산투자 관련서를 맡았을 때, 자산관리기능사 3급 자격증을 취득하고 매물도 샀다고 한다. 회사 경영에 필요한 금전 감각도 그 책을 만들면서 배웠다. 2013년, 웹 연재를 거쳐 단행본이 된 『여자와 돈-OL 지갑 사정의 근년사』를 집필할 때는 모교 대학원과목이수생 제도를 이용해서 페미니즘론 등을 배웠다. 젊은 여성과 돈, 노동에 관해 깊이 연구했던 경험은 리틀 매거진 『일 문맥』 창간으로 이어졌다.

『여자와 돈—OL 지갑 사정의 근년사』는 여성이 일하는 것이 일반화된 1980년대부터 현재까지 돈의 사용처에 관한 여성지 기사를 읽고, 여성의 금전 감각과 생활이 어떻게 변했는지를 분석한 책입니다. 흔히 '여성이 유행을 만

『여자와 돈―OL 지갑 사정의 근년사』
미야카와 마키 지음, 아스트라 출간

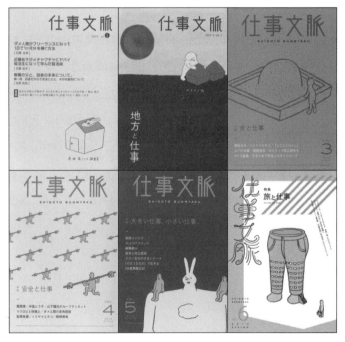

리틀 매거진 『일 문맥』 Vol. 1-6

든다, 여성이 소비를 리드한다'고 하는데, 어느 시점부터는 여성이 점점 가난해져서 '초절약' 같은 기사가 늘어났어요. 언제부터 이렇게 되었을까 하고 흥미를 느낀 게 시작이었습니다. 이 책을 계기로 '일'과 '일하는 방식'에 관한 책과 뉴스, 정보를 분석해 보니 제가 읽고 싶은 게 별로 없더군요. 그래서 '일 문맥'을 만들게 되었어요. 요즘은 『쿠넬』Ku:nel이나 『킨포크』Kinfolk처럼 이른바 '근사한 생활'을 다루는 잡지가 꽤 늘었고, 리틀 매거진도 『아르네』Arne 이후 많이 나왔죠. 그런데 저는 그렇게 '근사한 생활'을 하는 사람들이 그 돈을 어떻게 벌었는지가 더 궁금해요(웃음).

한편으론 취직 빙하기가 길어져서 젊은 여성은 일이 없고 갈수록 가난해져서 큰일이죠. 이래서 되겠느냐고 문제의식을 느끼던 시기에, 지금까지와는 다른, 독특한 방식으로 일하며 사는 여성들과 만났어요. 일하는 방식이 더 다양해지면 좋겠다는 생각이 들었습니다. 일하는 게 아주 힘든 시대에 젊은이들이 개인적인 경험에서 동기를 찾아 자신의 힘으로 갈 길을 만들어 가는 모습은 무척 재미있습니다. 그들에게 경의를 표하는 의미에서 매체를 통해 그들의 삶을 세상에 정확히 전달하고 싶어요.

『일 문맥』에는 시골에서 아버지가 직장을 잃게 되자 지역과 일의 미래를 고민하기 시작한 젊은이, 일자리를 직접 모집하는 사이트로 화제가 되었던 '위험한 구직활동', 유기농 식생활을 추구한 끝에 수렵을 생업으로 하게 된 여성, 비정규직의 긍

정적인 면을 보고 기발한 일을 하는 사람들, 이동하면서 간호사 일을 하는 노마드 너스Nomad nurses 등 독창적인 삶과 일의 방식을 실천하면서도 잘 알려지지 않은 사람들이 소개된다.

일이나 새로운 업무 형태에 관한 책도 요즘 붐인데요. 저명한 분이 "앞으로 어떻게 된다"라든가 "지금 이러니까 이런 게 좋지 않을까"라고 제안하면서 시대를 이끌어 나가는 책은 아주 흔해요. 그보다는 이미 그렇게 하고 있거나 실제로 한 사람들의 이야기를 자세히 취재하는 편이 재미있습니다. 새로운 발견을 할 때마다 감탄하거든요.

사실 제 주위에 개성적인 사람이 그렇게 많지는 않아요. 『일 문맥』은 창간할 때 ISBN 코드를 안 받고 독립잡지로 시작했습니다. 그래서 문학 프리마켓에 참가해서 팔거나 고서와 독립출판물을 다루는 셀렉트 서점에 직접 납품하면서 독립출판 문화를 접할 기회가 늘어났지요. 그곳에서 보고 들은 손님들의 흥밋거리나 지역 정보가 다음 기획에 참고가 됩니다.

미야카와 대표는 새로운 것과 새로운 사람, 새로운 시점 등 지금까지 없던 것을 잡지와 단행본으로 소개하면서 "묻혔던 것이 뜻밖에 주목받을 때는 너무 기뻐요"라고 말한다. 젊은 저자 발굴에도 적극적이다.

만화 『하얀 에리와 파란 에리』는 『일 문맥』을 취급하

『하얀 에리와 파란 에리』
세키네 미유 지음

『일하지 않고 배불리 먹고 싶다
―부채사회 해방선언』
구리하라 야스시 지음
세이겐샤

는 나카노의 '다코시'라는 서점에 갔다가 세키네 미유 씨의
자비 출판 책자를 보고 웹 연재를 부탁해서 나온 작품이에
요. 주제를 일로 한정해서 의뢰한 건 아니었어요. 세키네 씨
는 만화를 그리면서 다양한 아르바이트를 거쳤는데, 거기
서 느꼈던 점이나 의문을 리얼하게 묘사했어요. 결과적으
로 좋은 원고를 받을 수 있었죠. 아직 일부 독자만 아는 작
가이고 『하얀 에리와 파란 에리』가 상업적으로 유통하는
첫 책입니다. 이 책으로 저자가 널리 알려지는 계기가 되면
좋겠어요.

　『일하지 않고 배불리 먹고 싶다』의 저자 구리하라 야
스시 씨는 정치학 분야에서 전문서를 몇 권 냈고, 인문서
쪽에서는 이미 주목을 받은 젊은 논객입니다. 연구 논문에
개인적인 경험을 넣어서 쓰는 건 금기시되는 모양인데, 구
리하라 씨는 자기 연애 경험까지 다 동원해서 써요. 발상이
신선하고 재미있어서 우리 출판사에서 낸 책 중 가장 폭넓
은 층을 대상으로 만들었습니다. 잡지와 단행본 모두 '필요

하지 않을까? 다들 원하지 않을까?' 하고 느끼는 것을 적절한 형태로 제시하고 싶어요.

전자책은 편리한 수단으로 이용하고 싶다

미야카와 대표는 전자책에 관해서도 유연하다. 호기심이 왕성해서 현재 인터넷에 있는 『일 문맥』1호의 킨들 버전은 미야카와 대표가 인디자인의 본문 데이터를 바탕으로 직접 만들었다고 한다.

『일 문맥』1호는 전자책의 자비 출판이라고 할 수 있는 KDP Kindle Direct Publishing로 냈어요. PDF 파일을 갖다 붙인 FIX형이라서 대단한 건 아니지만, 출시됐을 때 화제이길래 공부하는 겸 만들어 봤어요. 2호 이후는 질을 더 올리고 싶어서 아직 손을 대지 않았습니다. 잡지는 서점에서 언제까지나 비치해 주지 않기 때문에 배본 기간이 끝난 뒤에는 전자책으로 만들 생각이에요.

『도호쿠 코튼 프로젝트』라는 책은 종이책을 내고 3개월 뒤에 전자책을 냈어요. 요전에 고등학교 동창회가 있어서 센다이에 있는 동창생에게 이 책을 얘기했는데요. 다음 날 읽었다고 메일이 왔길래 놀라서 센다이 어느 서점에서 샀느냐고 물었더니 전자책으로 샀다는 거예요. 덕분에 좋은 만남이 이루어진 거죠. 지금은 전자책 서점이 200개

정도 있어서 『도호쿠 코튼 프로젝트』는 전자책 유통회사 MBJ Mobile Book.jp를 통해 라쿠텐 코보, 아마존 등 전자책 스토어 약 스무 군데에서 팔고 있습니다. 앞으로 낼 종이책들은 전자책도 함께 만들려고 해요.

저는 평소에도 전자책을 꽤 사기 때문에 별로 저항이 없어요. 전자책을 접한 곳이 '전자책 프리마켓'이었던 것도 큽니다. '전자책 프리마켓'은 게임 작가 요네미쓰 가즈나리 씨가 주최하는 이벤트인데, 참가자가 자작 전자책을 팔 수 있어요. 거기에서 제가 운영하는 리뷰 사이트의 원고를 모아서 만든 전자책을 팔아 봤습니다. 그곳에서 자작 전자책의 가벼움과 재미를 느꼈어요. 출판사를 제대로 운영하기 전이라서 이런 방식도 있구나 했죠. '출판 비즈니스의 가능성'보다는 '콘텐츠 유통의 새로운 시도'라는 점에 흥미를 느꼈습니다.

물론 종이책에서는 표지 디자인 등을 제대로 만들고 싶지만, 종이책을 안 사는 사람이 많아졌기 때문에 꼭 종이

『도호쿠 코튼 프로젝트
—면과 도호쿠와 우리들과』
글 미야카와 마키,
사진 나카노 유키히데

여야 한다고는 생각하지 않아요. 종이책은 언젠가 재판을 찍지 못하고 절판이 되는 시기가 올 수도 있어요. 하지만 데이터로 남겨 두면 그걸 읽는 사람이 있을 수도 있고, 다시 종이책으로 낼 수 있는 가능성도 생깁니다. 콘텐츠를 항구적으로 남긴다는 의미에서 전자책도 편리한 수단으로 이용하는 게 좋지 않을까 합니다.

다른 출판사에서 제가 편집한 신서가 전자책이 되어서 3개월 뒤에 인세가 몇천 엔 들어온 적이 있는데요. 지금도 판매액은 그 정도예요. 『일 문맥』 킨들 버전도 잊어버릴 즈음에 푼돈이 들어옵니다. 전자책은 전혀 안 팔린다고 하지만, 라쿠텐 코보에서는 포인트로 경영서나 요리책을 사는 사람이 비교적 많다고 해요. 다양한 사람에게 읽을 기회를 제공한다는 점에서 전자책을 내는 의미가 있다고 봐요.

스스로 자기 일을 한정하지 않는다

미야카와 대표는 편집자로서도 베테랑이다. 그녀는 왕성한 호기심으로 미래의 가능성을 높이고 책을 만드는 방식도 자기 스타일대로 바꾸어 갔다. 1인 출판사로서 현재의 고민은 혼자서 여러 일을 동시에 진행하기 때문에 영업과 프로모션 등이 허술해진다는 점과 원고를 정독하거나 교정할 시간을 확보하기 어렵다는 점이라고 한다. 그러나 그 문제도 넓은 인맥으로 인재를 찾아 해결하고 있는 것 같다.

해 보니 혼자서도 할 수 있었다. 그날부터 세상이 넓어졌다

페이스북에서 우연히 재회한 지인이 일하고는 싶은데 애가 어려서 풀타임으로는 못 한다고 하길래 한 달에 며칠만 스태프로 도와 달라고 했습니다. 사진을 공부한 친구라 촬영 일도 할 수 있고, 1980년대생답게 인터넷도 능숙해요. 여러 가지 일을 부탁할 수 있어서 큰 도움이 됩니다. 저도 혼자서 여러 일을 하다 보니 시야도 넓어지고 그게 다음 책 만드는 데 이어지기도 합니다. 이제 자기 영역을 '편집자'에만 한정할 필요는 없다고 봐요.

20대 후반에는 저도 일과 결혼, 이직에 관해 나름 고민한 적이 있어요. 지금 생각하면 어느 것을 선택해도 별로 달라지지 않았을 것 같아요. 하지만 그 나이에는 다들 진지하게 고민하죠. 이걸 선택하면 저건 포기해야 한다는 식으로 생각하기 쉽지만, 어떤 것을 선택해도 얼마든지 다른 일을 할 수 있어요. 그 뒤에도 인생은 기니까요. 제가『일 문맥』발행을 시작하고 인디자인을 독학으로 공부한 때도 40대 후반이에요. 남들이 그 나이에 이런 일을 잘도 한다고 하는데, 해마다 새로운 일만 하고 있어요(웃음). 도전이라고 하긴 뭐하고 찾아보면 편리한 도구가 여러 가지 보여요. 그런 것들을 쓰는 동안 자연스럽게 할 수 있게 됩니다. '앗, 또 혼자서 해 버렸네……' 하고요.

● 타바북스 tababooks.com

272

출판사가 아닌 곳에서 책을 내는 사람들

서점의 책장을 보면 듬성듬성 튀어나온 책들이 있다. 자유로운 형식으로 만들어져 두께와 크기가 제각각인 책들은 '출판사가 아닌' 사람들이 만든 것이 대부분이었다……. 〔글 다나카 준코〕

톰즈박스 대표 도이 아키후미

기치조지에 있는 톰즈박스는 그림책 애호가 사이에서는 성지로 알려진 곳이다. 그림책 전문 서점과 갤러리가 결합된 공간의 도이 대표는 프리랜서 그림책 편집자로 대형 출판사의 일을 하면서 '톰즈박스'라는 회사를 차렸고 20년 이상 책을 만들었다. 몇백 부 정도의 소규모 매장이지만, 고정 팬을 확보했다. 활동을 착실하게 이어 가는 도이 대표를 만났다.

메리 씨의 그림책 시리즈

— 도이 대표님은 '톰즈박스의 책' 이전부터 독립출판을 하셨죠?

메리웰즈라는 편집 프로덕션에 있을 때, 혼자 만들었어요. 1986년에 사장에게 '메리 씨의 그림책' 시리즈를 소량 출판하자고 기획서를 냈죠. 그렇게 해서 초 신타, 이노우에 요스케, 스즈키 고지 등 좋아하는 작가의 그림책을 만들었는데, 그것이 톰즈박스 책의 전신이 되었습니다.

— 편집 프로덕션이 발행한 책을 어떻게 유통시켰나요?

『일러스트레이션』과 『모에』MOE 등의 잡지에 책 소개를 실어서 전화로 주문이 오면 하나하나 보내는 아날로그식 통신판매였어요. 다음에 어떤 작가의 책을 받아 볼지 알 수 없는 정기구독이었는데도 한때 100명 이상의 구독자가 몰리기도 했어요. 하지만 13권을 내도 별로 안 팔린다는 사실을 사장이 아는 바람에(웃음). 그래서 이 시리즈를 들고 나와서 프리랜서가 되었어요. 그게 1988년이었죠.

— 독립하실 때부터 톰즈박스라는 회사명이었나요?

네. 회사를 그만둔다는 사실을 요시다 가쓰 씨에게 얘기했더니 뽀빠이와 올리브처럼 "메리 씨니까 톰이 어때?"라며 '톰즈북스'라는 안을 내놨어요. 하지만 좀 직설적인 것 같아서 '박스'로 했죠. 그리고 이노우에 요스케 씨가 "생각난 김에 그려 줄게"라고 준 게 지금의 로고예요. 고맙죠.

'메리 씨의 그림책' 시리즈의 일부. 초 신타, 와다 마코토, 아라이 료지 등 쟁쟁한 라인업.

—　독립해서 메리 씨의 그림책만으로 생활하셨나요?

　　수입이 있긴 했지만 먹고살 수 있는 수준은 아니었어요. 프리랜서로 편집 일과 글 쓰는 일을 했죠. 메리 씨의 그림책을 만들었더니 이노우에 요스케 씨가 저를 재미있는 녀석이라고 생각한 모양이에요. 당시 일주일에 한 번 아사쿠사에서 밥을 먹었어요. 그곳에는 아동서 출판사 편집자도 미팅 겸해서 자주 와서 그들과도 친분이 생겼죠.

　　어느 날, 이노우에 씨가 출판사를 물색해 보라고 저에게 러프스케치를 맡겼는데요. 돌아다니며 보여 줬더니 홀프출판이 흥미를 보였어요. 그런데 첫 그림책은 이노우에 씨 것이 아니라 기바이 에쓰코 씨의 기획이 통과되었습니다. 그의 『아바디의 빵』을 낸 때가 1990년이었죠. 그것을 계기로 '이미지의 숲' 시리즈를 담당했습니다. 그 밖에도 파

르코출판과 리브로포트에서 예술성이 강한 그림책 시리즈를 만들기도 했지만, 잘 안 팔렸어요. 어려운 분야였죠.

― 그 어려운 분야를 톰즈박스의 책으로 도전하고 싶으셨어요?

작가에게 마음껏 그리게 하고 그걸 책으로 만드는 일이 즐거웠거든요. 그래서 다들 참여해 줬어요.

단순하지만 멋진 책을

― 편집자가 되려고 생각하신 이유는 무엇인가요?

편집자가 되면 인기가 생길 줄 알았거든요(웃음). 분야는 아무래도 상관없었어요. 히로시마에서 올라와 대학에

다니면서 3학년 때 저널리스트 전문학교의 야간부에 다녔어요. 4학년 때부터는 전문학교 선생님에게 소개받은 마이니치신문사 계열의 편집 프로덕션에서 아르바이트하다가 졸업과 동시에 그곳에 취직했습니다.

— 그림책과는 언제 만나셨나요?

그 편집 프로덕션에서 '별책 1억인 쇼와사' 시리즈의 『만화대도감』을 편집했을 때, 담당한 코너가 '이색 만화가'였어요. 거기에 초 신타, 이노우에 요스케, 구리 요지 등 주로 한 컷 만화가의 작품을 실었습니다. 그 책의 디자이너가 만화도 그리는 마키 도라오라는 사람인데 코너의 자료로 쓰라고 동료 만화가의 사가판私家版 책들을 잔뜩 가져왔어요. 당시 저는 스물다섯 살이었는데 '이런 책이 세상에 있다니!' 하고 충격을 받았죠. 그래서 사가판 만화집을 모으기 시작했습니다. 동시에 작가에 관해 조사해 봤더니 그림책도 그린다는 걸 알게 되었어요. 보니까 재미있어서 그때부터 그림책 세계에 확 빠져들었죠.

— 당시 사가판 만화집의 어떤 점에 매력을 느끼셨나요?

예를 들면 도미나가 이치로 씨 등은 사가판이라도 케

이스가 있는 호화판을 만들었지만, 이노우에 요스케 씨 작품은 중철로 된 1도 인쇄의 간단한 책이었어요. 저는 그 단순한 책의 마니아스러운 느낌, 알맹이만 멋지면 된다는 발상이 사랑스러웠어요. 지금도 그 기억이 남아서 톰즈박스에서는 단순하면서 멋진 책을 만들려고 해요.

— 만드는 입장이 되면 싸게 만들 수 있다는 점이 메리트가 크지요?

일단은 그렇죠. 만들 때도 싸고 팔 때도 쌉니다. 몇백 부 시장에도 적합해요. 그 점은 지속 가능성도 높아진다는 얘기죠. 톰즈박스에서 만드는 책은 대략 300-500부나 800-1100부 규모에 48쪽 정도 분량의 책입니다. 이익률은 별로 생각하지 않고 만들어 버려요.

또 저는 고서도 좋아하는데, 책이 세대를 뛰어넘어 읽히는 장면을 상상만 해도 즐거워요. 좋아하는 작가의 책을 만들어 두면 누군가의 책장에 몇 권은 남지 않을까요.

인연과 타이밍

— 매장을 여신 때가 1993년이죠?

매장이 생길 때까지 작가의 전람회장 말고는 책을 팔 곳이 없어서 힘든 시기도 있었지만, 만들고 싶은 마음은 사라지지 않았어요. 매장을 시작한 계기는 미나미 구구 씨가 같이 해 보자고 제안했기 때문이에요. 제가 서점, 미나미 씨가 갤러리를 맡아서 1993년에 열었습니다. 2−3년 같이 하다가 이후에 제가 다 맡아서 지금까지 왔죠. 팔 곳이 생겨서 책을 계속 만드는 데 큰 도움이 되었어요.

2003년에 옆 가게가 비어서 2배로 확장했고, 2013년에 또 옆이 비어서 '+Gallery'를 시작했습니다. 전 먼저 하겠다고 나선 적이 없는데, 마침 제안해 주는 분이 있었던 거죠. 돌이켜 보면 순간순간의 선택이 인연과 타이밍을 포함해서 중요한 포인트였던 것 같아요. 하지만 늘 깊이 고민하지 않고 '돈 안 들이고 해 보자!'라고 생각하는 게 다예요 (웃음).

— 매장에서는 '톰즈박스의 책'과 함께 일반 그림책도 판매하시네요?

매출은 톰즈박스의 책보다 일반 그림책 쪽이 커요. 일반 그림책은 출판사로부터 직접 들어오는 경우도 있지만, 지금은 거의 아동서 전문 유통회사 '아이의 문화보급협회' 로부터 받습니다. 모두 매절로 구입하기 때문에 반품은 못하지만, 공급률은 대형유통회사보다 좋습니다. 책의 수익률은 다른 업종에 비해 너무 작은 것 같아요. 점포에는 임대료와 인건비가 들기 때문에 외주 편집 일로 번 돈도 다 투입해서 유지합니다.

— 도이 씨는 그림책 작가 양성 워크숍 '아토자키 학원'도 주최하시죠? 그림책을 축으로 편집자, 서점+갤러리 점주, 워크숍 주최자라는 세 얼굴로 20년 이상 활동을 지속하신 비결은 무엇입니까?

재미있다고 생각하면서 하려는 마음가짐. 다른 건 잊어버릴 것! 오늘 안 하면 안 되는 일은 오늘이 오고 나서 생각한다(웃음). 오늘을 잘 넘기면 내일도 무언가 있다. 그런 식으로 생각해 온 20년인 것 같아요. 사실 별로 좋은 게 아닐 수도 있지만요.

— 앞으로 계획은요?

　　신인 그림책 작가를 데뷔시켜서 함께 일을 하면 좋겠
어요. 매장은 어떻게 할지 고민입니다. 장래엔 헌책방을 하
고 싶다는 생각은 있는데, 아직 모르겠어요. 헌책방을 해도
일이 있으면 프리랜서 편집자로 남고 싶지만, 제 뜻대로만
되지는 않으니까요.

도이 아키후미
1957년 히로시마 출생. 그림책
편집자. 톰즈박스 대표. 지금까지
400권 이상의 그림책을
기획·편집했다.

톰즈박스
도쿄 무사시노시 기치조지초
2-14-7-1F
전화 0422-23-0868

북라벨이 매력 있는 서점 & 갤러리

"출판사가 만들 수 없는 그림책을"

아라키 겐타 대표는 "이곳은 그림책 서점도
아니고 헌책방도 아니고 단지 그림책을
진열한 서점"이라고 주장한다. '그림책이
좋아질 것 같아서' 시작했다는 이 매장도
벌써 12년이 넘었고, 2014년 겨울에는 1층에
갤러리를 열었다. 기쿠치 치키의 『하나 둘
셋』은 10주년 기념으로 출판한 그림책이다.
보급판과 소장판 2종류로 제작했다.

> "고서, 신간, 자사 책 모두 비치하고 있습니다.
> 손님에게는 다 '책'이고 출판사가 어딘지는
> 상관이 없다고 생각해요. 앞으로도 그림책을
> 읽거나 만들거나 팔면서 즐겁게 매장을
> 운영하고 싶어요." ─아라키

『하나 둘 셋』
기쿠치 치키 지음.
제49회 제본장정 콩쿠르 입상.
실크, 옵셋, 박찍기, 활판,
수작업 목판인쇄로 찍어서 제작.

"2평의 서점이 도전하는 그림책"

이시 아야 대표는 무명작가가 부담 없이 작품을
발표할 수 있는 공간에 관심이 있었다. 빌딩의
같은 층에는 소아과, 아래층에는 어린이집이
있어서 이곳이 딱이라고 보고 2평짜리 작은
그림책 전문점을 열었다. 취급하는 그림책
수는 많지 않지만, '자신 있게 추천할 수 있는
그림책'만을 엄선해서 진열한다.

> 매장의 손님이었던 88세 만화가 미야사카
> 에이이치 씨는 오리지널 그림책을 만드는 게
> 꿈이었다. 거기에 강하게 이끌린 이시 아야
> 대표는 함께 그림책을 제작했다. 시리즈 2권의
> 제작비를 마련할 수 없어서 자금은 클라우드
> 펀딩으로 조달했다.
> "작가의 매력을 전하는 방법은 늘 시행착오의
> 연속이에요." ─이시

『핫케요이』
미야사카 에이이치 지음.
지은이는 잡지 『리본』
창간 때 연재했던
만화가.

『프루트펀치』
하라페코 메가네 지음.
니지노 그림책방의
첫 출판 책. 작가의
데뷔작이기도 하다.

책방 사이코로
사이토 히데유키

"소량 출판의 가능성을 좇다"

그래픽디자이너 사이토 히데유키 씨가 만든
서점. 2010년 자사 도서의 출판과 동시에
디자인 사무소 병설 갤러리를 열었다. 매장
안에는 고서와 자사 도서를 비치하고, 책과
인쇄물에 관련된 전시를 주최한다.

"작가에게 다가가서 그 사람을 관찰하고
대화하면서 나온 작품은 책의 모습을 빌린
작가의 초상이라고 생각합니다. '책 혹은 책에
가까운 것'을 표현할 때, 수작업이 필요한
경우와 유통상 불가능한 경우가 있습니다. 소량
출판만이 할 수 있는 번뜩임, 장인의 손길이
깃들어 생명력이 전해지는 작품을 계속 만들어
내고 싶습니다." —사이토

「주사위」
나가오카 다이스케 지음.
활판인쇄로 제작한
아름다운 한 권.

「컵이라서」
(오토쓰샤)
사진 오누마 조지.
협찬을 받아 제작.
봉철 제본 방식의
내지 사이에 별도의
광고지를 끼워 넣으면
흑백 사진 안에
별색이 들어간다.

cafe+gallery 시바후
유사 가즈야

"작품집으로 남는 책을"

갤러리는 2010년에 열었다. 유사 대표는
그래픽디자이너로서 수작업으로 책을 만들어
왔다. 친분 있는 작가의 개인전 등에 맞춰서
기념이 되는 책을 만들려고 했던 것이 창업의
계기였다. 작품집 만들기에 공을 들이고 있다.
독자는 물론, 작가 본인도 만들기 잘했다고
만족하는 책을 늘 꿈꾼다.

「이어짐」
후지사와 마유 지음.
환상적인 그림
하나하나에 짧은
이야기를 곁들인
그림 문집.

"접는 방식의 제본 등, 맡기면 비용이 드는
작업은 직접 수작업으로 하기도 합니다. 책은
일반 상품보다 아티스트의 세계관을 전하는
역할이 큽니다. 함께 형태를 만들어 가는 게
즐거워요." —유사

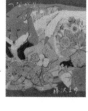

「동물복식 그림책
The Animals」
더 캐빈 컴퍼니 지음.
여러 겹으로 접힌 것을
쫙 펼치면 동물들의
패션쇼가 시작된다.
주목받는 젊은 그림책
작가의 작품집.

온도 ondo
이케다 아쓰시

"제작 후의 확산까지 바라본다"

디자인 회사 'G_GRAPHICS INC.' 병설의
갤러리 '온도'를 기획·운영하는 이케다
아쓰시 대표. 작품전시와 이벤트를 병행하며
책을 중심으로 한 프로젝트를 진행한다.
2014년에는 도쿄 가구라자카에 '온도
가구라자카'도 열어서 작품을 널리 알렸다.

"디자인 회사가 기획·운영하는
갤러리&상품으로서 책은 작가의 매력을 널리
전할 수 있는 중요한 접근 수단입니다. 서로
의식을 공유하면서 책을 만들고 끝나는 게
아니고 출판으로 한 단계 더 올라서는 것을
목표로 합니다. 만든 이도 파는 이도 작가와
모티베이션을 공유할 수 있는 관계를 쌓는 것이
중요합니다. 책을 포함한 제품 전반을 통해
'전달하는' 역할을 맡고 싶습니다." ─이케다

『ONOMA TO HAIR』
와싸 지음.
온도가 발행한 첫 작품.
아티스트 와싸가
만들었으며 머리를
주제로 한 비주얼북이다.

노와키 nowaki
쓰쓰이 다이스케

"책은 출판사의 전유물이 아니다"

책과 그릇, 전국의 수제품을 판매하는
갤러리숍. 매장 주인은 헌책방 일을 했던
파트너가 맡았고, 쓰쓰이 씨는 출판사
근무를 거쳐 프리랜서 그램책 편집자로
활동하고 있다. 노와키 출판 부문의 '노와케
편집실'에서 지금까지 두 권을 발행했다.

"출판사에서 내든 갤러리숍에서 내든 재미있는
책을 만들어 '어떠냐!'라고 세상에 질문하는
점에선 똑같습니다. 대형 서점에서 유통되는 책
말고도 재미있는 책이 있다고 소리 내서 말하고
싶어요. 앞으로도 노와키에서는 작가의 새로운
매력과 지금까지 선보이지 못했던 부분을
전하는 책을 만들고 싶습니다." ─쓰쓰이

『고양이가 자는 법』
미로코 마치코 지음.
쓰쓰이 씨가 편집한
그림책 『늑대가 나는
날』(이스트프레스)에
등장한 책을 실제로
제작했다.

『밤안개 통신집』
나카반 지음.
작가의 첫 만화집이며
여섯 편의 단편이
수록되었다.

아지사카 가네미쓰

"작가와 싸우면서 한 권을"

그래픽디자인 사무실 'SKKY'가 운영하는
갤러리. 아지사카 씨가 모교의 전문학교에서
판화를 가르치던 중, 젊은 학생들의 작품을
발표할 수 있는 공간을 마련하고자 했던 것이
시작이었다. 아울러 오사카에 있는 작가들이
작품을 내기 위해 출판사가 집중된 도쿄로
가야만 하는 현실에도 의문을 품었다고 한다.

『산의 집에서』
미로코 마치코 지음.
상업 출판으로 데뷔하기
전에 만든 첫 그림책.

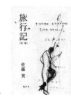

> "일반적인 디자인 일은 을의 위치이지만,
> 이토헨에서 책을 만들 때는 작가는 그림, 저는
> 디자인을 맡아서 대등한 관계로 상대합니다.
> 좋은 뜻에서 싸움을 즐기는지도 모르겠어요.
> 작가와 함께 성장하고 싶어요." —아지사카

『여행기』
사토 미쓰기 지음.
작가와 10년간 친교를
쌓으며 완성한 에세이집.

4

사람과 책을 잇다